＼世界トップティーチャーが教える／

子どもの未来が変わる英語の教科書

立命館小学校教諭
グローバル・ティーチャー賞トップ10
正頭 英和
Hidekazu Shoto

講談社

PROLOGUE

AI時代、世界で求められている教育とは

世界トップ10入りした授業

ヤシの木の形をした巨大な人工島に建つ、アラブ首長国連邦ドバイの超高級ホテル「アトランティス・ザ・パーム」。そのホテルのスイートルームに通された僕には、屈強なSPが二人寄り添っています。映画の世界に飛び込んだかのようですが、2019年3月、僕はイギリスの国際教育機関Varkey財団が設立した「Global Teacher Prize（グローバル・ティーチャー賞、以下GTP）」の表彰式に招待されていたのです。

GTPは日本での知名度はイマイチですが、「教育界のノーベル賞」とも称される権

威のある賞。２０１９年には世界１５０ヵ国からおよそ３万人の教育者がエントリー。そのなかの栄えあるトップ10に、僕は日本の小学校教師として初めてノミネートされたのです。

僕自身、ドバイに行ってＧＴＰのスゴさと注目度にビックリしました。その夜に開かれた授賞式はアカデミー賞並み。プレゼンターは、俳優のヒュー・ジャックマンです。客席には着飾った１万人の人々が集まり、アラブ首長国連邦の王族も臨席していました。

自己紹介が遅れました。僕の名前は正頭《しょうとう》英和《ひでかず》。京都の立命館小学校の英語科教師であり、６年生の担任をしながら、６年生１２０名全員に英語を教えています。

僕にはＩＣＴ教育部長というもう１つの肩書があります。

「Global Teacher Prize 2019」の表彰式。

プレゼンターのヒュー・ジャックマンと。

ＩＣＴ（Information and Communication Technology）とは、情報通信技術のこと。少し前まではＩＴ（Information Technology）といいました。**ＩＣＴ教育とは、インターネットを介してつながったパソコンやタブレット端末を教師と子どもが活用する教育です。ＩＣＴ教育は、エデュケーション（Education、教育）とテクノロジー（Technology、技術）を組み合わせてEdTech（エドテック）とも呼ばれます。**

ＩＣＴ教育の一例としてお話しすると、僕の勤務する小学校では、２００６年の開校時から、全教室に電子教卓と黒板代わりの電子ホワイトボードを備えており、小学校３年生以上は全員が一人１台のパソコン（パソコンにもタブレットにもなる２in１タイプ）を持って授業を行っています。

僕がこれからの小学校教育で大切だと思っているのは、**「カリキュラム・マネジメント」「プログラミング教育」「英語教育」という３本柱。**「カリキュラム・マネジメント」とは、英語、国語、算数、理科、社会といった教科の壁を取り払った、横断的な視点での授業の組み立てのことです。

グローバル化する未来を生き抜く子どもたちの力を育むためには、この３本柱をバラバラに行うのではなく、一体化させるのが理想です。その一環として僕は、マイクロソフト社の『マインクラフト』というゲームソフトを活用しています。

〝マイクラ〟の通称で知られるこのゲームは、レゴのようにブロックを積み上げて建物を建てたり、洞窟を探検してモンスターと戦ったりするなど、決められたゴールがない自由度の高いゲーム。小中学生を中心に世界中で大きな人気を集めています。僕の勤務する小学校では、２０１７年からこのマイクラを教材に用いています。

僕は〝英語を学ぶ〟のではなく、〝英語で何を学ぶ〟かが大事だと考えます。それは教科横断的なカリキュラム・マネジメントにもつながりますから、マイクラを使った授業は英語のみのオールイングリッシュで行っています（僕が話すのは基本的に英語のみですが、子どもたちは日本語で会話しています）。ＧＴＰでは、この取り組みが評価されました。

マイクラでの授業を始めるにあたり、子どもから「日本に来られない外国人のために、京都を案内するようなものが作りたい」という意見が出ました。そこから子どもたちとディスカッションを重ね、僕らはマイクラで京都の観光スポットを再現するという目標を定めました。

初年度の２０１７年は月に数回の授業を半年間行い、４～５名のグループごとに平等院鳳凰堂や清水寺をマイクラで作成。子どもから出た「ただ建物を作るだけでは面白く

上・マインクラフトでお互いアドバイスし合いながら観光スポットの再現に取り組む子どもたち。下左・作品ができあがると、海外の小学生にスカイプでプレゼンテーションを行い、フィードバックをもらう。下右・子どもたちがマインクラフトで作成した平等院鳳凰堂。

ない。案内ロボットも作り、海外の人を案内しよう！」というアイデアを活《い》かし、ゲーム内のプログラミング環境で建物を観光ガイドのように案内するキャラクターも創造しました。

翌18年も同様の取り組みを行い、アメリカ・シアトルにある小学校と交流。ビデオ通話でうちの子どもたちが英語で作品のプレゼンテーションを行い、現地の子どもたちから動画で感想を送ってもらったりしました。

この授業は、PBL（Problem Based Learning）と呼ばれる方法論に基づいています。PBL

は「問題解決型学習」などと訳されており、AI時代に不可欠とされる、課題解決のための自主的で協働的なスキルがバランス良く磨かれるようにデザインされています。4～5人のグループ内ではそれぞれがデザイン、プログラミング、英語、スケジューリングなどのリーダー役となり自主的に活動するため、主体性、リーダーシップ、チームで協働する能力が磨かれます。**ICT教育では、子どもが能力や知恵を集めて1つの課題を解決するような授業がスムーズに行えるようになりますが、マイクラによる授業はその典型例なのです。**

さらに子どもは同じグループ内で自分たちの知識や疑問を次から次に共有するようになり、課題解決に向けた話し合いや助け合い、合意形成の努力が生まれてきます。順序立てて物事を考えて、他のメンバーにわかりやすく説明する経験を繰り返すうちに、論理的な思考も磨かれていきます。

ゲームをすると子どもが没頭しすぎて、まわりの子どもと話さなくなるというマイナスイメージを持つ大人も多いと思いますが、マイクラを使った授業では逆に子ども同士のコミュニケーションが活発になり、教室全体が一気に明るく賑《にぎ》やかになります。

世界のスタンダード教育とは

２０１９年のＧＴＰでは、ケニアのピーター・タビチ先生が優勝。賞金１００万ドル（約１億１０００万円）を獲得しました。ちなみに優勝者以外は賞金ゼロです。

ピーター先生は、壁も天井もロクにないようなケニアの学校で数学と物理の先生をしています。そして自らの給料の８割を学校や地域に寄付し、その資金をベースに放課後のクラブ活動として理科を教えています。

クラブ活動の対象者は、地域の女の子たち。さまざまな理由で学校に来られない女の子がケニアには大勢いるそうです。そんな彼女たちに彼は無償で理科の授業をしているのです。女の子たちは国内外のサイエンスコンテストに出場して成果を発揮。そのうちの一人は、アメリカで行われる世界最大の学生科学コンテスト「インテル国際学生科学技術フェア」に出場したとか。ＧＴＰの優勝者に相応《ふさわ》しい立派な先生だと僕も感銘を受けました。

優勝者を発表する前、ノミネートされた10名による30分間の模擬授業が行われました。それを体験した僕の率直な感想は「日本の教育はどこの国にも負けていない」というものでした。子どもたちの意見を引き出す発問力、クラスの統率力とマネジメント力などは、世界トップクラスと胸を張れる質の高さを誇っています。

そんな**日本が残念ながら他の国から圧倒的に遅れを取っている分野があります。それがICT教育の分野です**。

ケニアのピーター先生は、授業で普通にスマートフォンを活用しています。地域の子どもたちも、家はボロボロでもスマホは持っているのです。ピーター先生がトップ10ノミネートを果たした際、「おめでとう！」と我がことのように喜んで祝福してくれた子どもたちは、スマホでパシャパシャと先生の写真を撮りまくったそうです。

授賞式の最中にも他にノミネートされた先生たちから、「日本ではスマホをどのように教育に活用しているのですか？」という質問がありました。でも、僕は首を横に振って、口ごもるしかありませんでした。

世界ではICT教育がスタンダードであり、そのために個々のスマホやタブレット端末などを授業に活用するBYOD（Bring Your Own Device）が当たり前になりつつあります。世界の人口は75億人ですが、流通しているスマホはおよそ50億台。今や家よりもスマホの方が多いそうです。しかし日本ではBYODと聞いてもピンと来ない人も多いのではないでしょうか。

僕がGTPのトップ10ノミネートが果たせたのは、ICT教育の後進国である日本で、ICT教育を推進している点が評価された結果だと考えています。

ICT教育先進国で同じような試みをしたとしても、果たしてトップ10にノミネートされたかどうかは正直わかりません。

コーラの味

僕の勤務校はマイクロソフト社の「Microsoft Showcase Schools」の認定校であり、僕はマイクロソフト認定教育イノベーターとしても活動しています（本書ではマイクロソフトの名前が再三出てきますが、僕は彼らの回し者ではありません。ただ便利だから利用させてもらっているだけです）。その活動を通して知り合った滋賀県の県立高校の堀尾美央教諭に僕はGTPの存在を教えてもらい、応募をすすめられました。堀尾先生は18年にGTPトップ50に選ばれています。

堀尾先生に応募をすすめられた当初、「僕なんて」と少し及び腰でした。けれど、すぐに思い直してチャレンジすると決めました。

僕が担任する6年生の教室の後ろには「コーラの味」と書かれた紙が貼ってあります。

新しい6年生が入ってくる毎年4月になると、僕は子どもたちに**「コーラの味、説明してみてごらん！」**と問いかけます。でも、子どもたちの必死の説明はかなりトンチンカン。大人でもコーラの味を的確に表現できる人はまずいないでしょう。

子どもたちは「じゃあ、先生は説明できるの？」と聞いてきます。そこで僕は答えます。「できるよ。みんなに飲んでもらうんだ」

世の中にはやってみないとわからないことがたくさんあります。やったらわかることを、やらないうちから頭のなかでああでもない、こうでもないとこねくり回して悩むのは時間の無駄。「悩む前にやってみよう」が僕のモットー。やってから、思う存分悩んだり、苦しんだりすればいいのです。

そうやって子どもにはいつも「新しいことにチャレンジしなさい」と言い続けてきたのに、僕自身がGTPへの応募という小さなチャレンジに躊躇《ちゅうちょ》していては彼らに示しがつかないと思い直しました。GTPへの応募を子どもに事前に公言するつもりはありませんでしたが、思考は行動に現れます。僕自身がチャレンジを恐れていては、感受性の鋭い子どもたちにはすぐにバレるでしょう。

応募すると決めてGTPを調べてみると、「教育界のノーベル賞」という表現がまさにピッタリな世界的なスケール感を持つ賞であり、そこにノミネートされるのは並大抵ではないとわかってきました。

そこで僕はロードマップを作りました。10年間かけてトップ50入りを果たすために、1年ごとの綿密な計画を立てたのです。

ところがいざ応募してみると、思ってもみなかったことに、1年目でいきなりトップ50にノミネートされてしまいました。

そこからトップ10を絞り込むために、本国イギリスから3人のクルーがわざわざ京都まで飛んできました。僕の小学校での授業の様子や、一人ひとりの子どもたちとどう接しているか、心をちゃんと摑《つか》めているかなどを3日間密着して徹底調査していったのです。その結果、さらにトップ10にノミネートされたのは想定外であり、ラッキーだったとしか言いようがありません。これも僕をこれまで指導してくださったすべての先生方と、子どもたちのおかげだと深く感謝しています。

トップ10に一度ノミネートされると二度と応募できなくなります。これから10年間の目標を僕は、立命館小学校での取り組みが日本のICT教育導入のモデルケースとなり、日本という国全体のICT教育の質を高めること、と再設定しました。

GTPのドバイでの授賞式に出席してあらためて強く感じたのは、世界では教育者は尊敬される存在であり、優秀な教師はヒーロー、ヒロインとして憧れの対象であるという事実。そして**世界中で求められている教師とは、教育の改革の担い手となるゲームチェンジャーであり、チェンジメーカーである**ということです。

僕自身がチェンジメーカーとなり、身近な子どもたちに小さな気づきや変化を与えて、魂を揺さぶるような教師になりたいと思っています。さらに教え子たちがいつか世界を変えるようなチャレンジをしてくれると信じています。

本書はGTPを受賞したICT教育をベースとして、僕の専門である英語学習を核としながら、グローバル化社会、AI時代を生きる子どもたちに必要な教育と子育てについて、僕なりの考えと実践法をまとめたものです。子どもたちと日々向き合い、悩みを抱えている保護者に何らかのヒントが提供できたら、筆者として望外の喜びです。

2020年春　正頭英和

CONTENTS

PROLOGUE

AI時代、世界で求められている教育とは

CHAPTER 1

AI時代に英語力は必要か？

CHAPTER 2

「英語教育」のイメージをアップデートする

CHAPTER 3

家庭でできる新時代の英語学習法

CHAPTER 4

AI時代に輝く子どもの育て方

CHAPTER 5

AI時代に求められる親の対応力を磨く

EPILOGUE

CHAPTER 1

AI時代に英語力は必要か？

自動翻訳vs.英語学習

6年生の教室で子どもに「英語が大切だと思う人、手を挙げて！」と語りかけると、みんなが一斉に手を挙げます。お父さん、お母さんを含め、まわりの大人たちから口々に「英語は大切だよ」と言われているからでしょう。

しかし、テクノロジーは確実に言葉の壁を壊しつつあります。いや、すでに部分的には壁を壊してしまったと言えるでしょう。

2019年、僕はユネスコの依頼を受けてタイで講演を行いました。その際、滞在中に必要なポケットWi-Fiを関西国際空港でレンタルしようとしたら、音声翻訳機を一緒に無料で貸し出してくれました。僕はタイ語を話せないので、さっそくこの翻訳機をタイで実際に使ってみたところ、日常会話レベルでは十分なコミュニケーションが交わせました。タイ語だけではなく、英語でも音声翻訳機はきちんと機能します。

最先端の領域では、ホログラムと呼ばれる本人そっくりの3次元映像を作り出し、そのホログラムが本人そっくりの音声で外国語のテキストをリアルタイムで日本語で読み上げる「ニューラルＴＴＳ（Text to Speech）」と呼ばれる技術も登場しています。もちろん日本語を英語に転換して読み上げることも可能。スマホやスマートスピーカーに搭載されているＡＩアシスタントの進化版です。

自分は英語が使えなくても、自らの分身が代わりに英語を巧みに操ってくれたら、人的ネットワークも情報も広がります。２０２０年に小学校1年生に上がる子どもたちが20歳になるのは２０３３年。その頃には、もっともっと画期的な技術が言葉の壁を完全になくしていることも考えられます。

この先、英語をまったく学ばなくても、自動翻訳のテクノロジーをうまく使うと、学習にも仕事にも困らない時代がやってくるかもしれません。英語学習に費やす時間があれば、たとえばプログラミングなど他のスキルの学習にあてた方が将来的には役に立つ、と考える人がいても不思議ではありません。

それでも僕は「英語がこの先も必要か?」と問われたら「必要です」と断言できます。同時に、限られた時間の投資先として英語学習は有効だと考えています。それは、教育に起こりつつあるパラダイムシフトに英語の学びで対応できるからです。

ＡＩ時代、必要となるのは「問題を解く力」から「問題を見つける力」へ

教育界にこれから訪れる大きなパラダイムシフト。それは、これまでの「知識」重視から「経験」重視へと変わることです。その背景にあるのも、やはりテクノロジーの大きな進歩です。

スマホなどの移動体通信技術を例に取りましょう。

現在多くのスマホは「４Ｇ」に対応しています。その次となる「５Ｇ（第5世代移動通信システム）」は、アメリカや中国で実用化され、日本でも２０２０年から実用化されます。

４Ｇまでと5Ｇ以降では、根本的な差があると僕は思っています。

移動体通信技術は１Ｇから始まりました。携帯電話による音声通話の登場です。１Ｇは、「家にいないと電話が受けられない。外出先で電話したいときは、公衆電話を探さなければいけない」という不満を解決するために生まれました。

次の2Gでは、携帯電話を介してメールやメッセージといったテキストベースのやり取りが可能になりました。これは「電話だと、いつでもどこでも正確にコミュニケーションできるわけではない」という不満を解決するために登場しました。

3Gでは、携帯電話でインターネットに接続できるようになりました。これは「1対1のコミュニケーションには限界がある。世界的規模でつながることはできないのか」という不満を解消するために生まれました。

そして4Gでは、動画の配信やり取りが可能になりました。これは「テキストや静止画だけではわかりにくい。動画だったらもっとわかりやすいのに」という不満を解決するために生まれたものです。

1G(音声通話)
2G(メール)
3G(インターネット)
4G(動画)
5G(?)

以上のように4Gまでは、何らかの不満や問題点を解決するためにテクノロジーが進化してきたのです。

ところが5Gはまったく異なります。現在、多くの人は、4G対応のスマホで十分満足しているのではないでしょうか。「もっと速くなったらいいな」とか「面白いゲームアプリが欲しい」といった小さな希望はあるかもしれませんが、それは5Gにスイッチしなくても解決します。つまり**5G**

は、技術の進歩が、人間がそれまで抱えていた不満や問題点を追い越してしまったステージで、新たに登場するテクノロジーなのです。

21世紀に入り重視されるようになったのが、本書の冒頭でも触れた「問題解決型学習（ＰＢＬ）」です。けれど、５Ｇ＆ＡＩ時代以降は、さらに一歩進んだ学習が求められるようになると僕は考えています。それが**「問題発見型学習」**です。

移動体通信に限らず、テクノロジーによって人間の不満や問題点の技術的な解決が可能になりつつある時代。問題解決のためのテクノロジーは十分に進化し、すでに人間の不満は見つかりにくくなっています。そこで、**５Ｇ＆ＡＩの能力を活かすために求められるのは、「新たな問題や課題を発見する能力」になるでしょう。なぜならＡＩには問題の解決はできても、発見はできないからです。**

問題解決をＡＩに任せられる時代には、「問題を発見できる人」を育てる教育が必要になるのです。

教育は、「知識」重視から「経験」重視へとシフト

問題発見型学習の方法の1つとして「Learning by Doing（やりながら学ぶ）」とか「Learning by Making（作りながら学ぶ）」という考え方があります。僕が行っているマインクラフトを使った授業はＰＢＬであると同時に、「やりながら学ぶ」「作りながら学ぶ」教育に他なりません。

まさに「知識」から「経験」へシフトした授業なのです。

なぜ「知識」から「経験」へシフトするのか？　それは、テクノロジーの進歩により、知識で測るような学力では大きな差が生まれなくなっているからです。検索すればすぐに正解がわかる時代に、詰め込んだ知識だけで学力を測ろうとするのはナンセンスです。誰もがスマホで電卓機能を持ち歩くようになった時代に、計算力ばかりを高めても仕方ないのと同じです。**大切なのは知識で測る学力よりも、経験を生み出す行動力なのです。**

知識は過去の情報であり、それだけでは新たな問題の発見につながりません。行動を起こして未知の体験をして、そこに自らが蓄積した知識のピースを組み合わせて編集すると、新しい経験が生まれます。つまり**経験＝体験×知識**です。

寿司《すし》を食べるというまったく同じ体験をしても、生魚やワサビに関する知識がまるでないアフリカの子どもたちと、何度も寿司を食べて生魚やワサビの知識も豊かな日本の子どもたちとでは、得られる経験は異なるのと同じです。

あらためて2019年のGTPのトップ10の先生方の授業を振り返ってみると、子どもたちに行動と経験を通して成長を促す学習を行っている先生たちばかりでした。僕自身もそうですし、優勝したピーター先生もそうです。

典型的な先生をもう一人紹介します。ブラジルのデボラ先生です。

デボラ先生は、リオデジャネイロの公立高校の先生。リオでは貧困と人口集中により、ストリートチルドレンの増加とゴミ問題が喫緊の課題となっています。そこで彼女は、ストリートチルドレンたちにゴミを集めてもらい、ロボットを作る授業を始めました。

子どもたちはロボットが大好き。先生の指導を受けながら、集めたゴミで新しいロボットを組み上げる授業に夢中になります。するとこれまで単なるゴミと思って無視していたものが、ロボットの部品に思えるようになり、子どもたちはゴミ拾いしながら登校するようになったそうです。ゴミ拾いという体験とロボット作りの知識がかけあわされて、子どもたちの行動力を高めて新しい経験を作り出した授業の例です。

経験を増やす行動力をブーストするのが英語です

前置きが少し長くなりました。では、問題発見型学習が重視されるパラダイムシフトが起こると、どうして英語が必要になるのでしょうか。

それは**英語が、経験につながる行動力に火をつけてブーストしてくれるからです。**

経験とそのベースとなる体験は、自ら積極的に行動を起こして初めて得られます。頭で考えるのではなく、まずは行動してみることが必要なのです。そして問題を発見する能力は、行動して試行錯誤を重ねるプロセスで高められます。

英語を学ぶとなぜ行動力が高まるのか。それにはいろいろな理由が考えられます。

第一に**英語という新たなスキルを身につけると自信が生まれます。自信が生まれると、失敗を恐れずに行動し、経験値を高められます。**知識だけが重視された時代には失敗はネガティブなものでしたが、行動が求められる時代では失敗はポジティブ。人は成功ばかりではなく失敗から多くの学びと経験を得るものだからです。

さらに、クロールを覚えるとプールに行きたくなるように、**英語を覚えると使ってみたくなります。それが外国人と話す、海外に行く、といった行動力を高めるきっかけとなります。**分身が自らに成り代わって英語を話せたとしても、自分は英語ができないという苦手意識や劣等感を持ったままでは、新たなアクションを起こしにくくなります。

実際、僕が教える子どもたちも、英語力が高まるにつれて積極的になります。

スカイプでアメリカの小学生たちと英語で会話する授業では、新学期が始まった4月は譲り合ってなかなかスカイプを始めようとしなかったのに、英語が通じるようになると「次は僕に話させて！」「その次は私！」と順番待ちが起こるようになるのです。

なかには日本語と英語で人格が変わる「キャラ変」を起こす子どももいます。日本語だと引っ込み思案であまり意見が言えないのに、スカイプでアメリカの小学生を交えたディスカッションになると、別人格になったかのように積極的に自分の意見を言えるようになるのです。英語が自己解放のスイッチを押してくれるのでしょう。僕自身、英語で話すと普段以上にユーモラスになり、自然に笑顔が増える傾向があります。

もう1つ。**英語を身につけると、「出会う人」とそこから得られる「情報」が変わります。**

未知の体験が経験につながります、といっても、新しい体験を得るのはなかなか難しいものです。ただし、てっとり早く新しい体験を得る方法があります。それは出会う人を変えること。

分身を介して会話できる時代になっても、意思疎通のために人と人とが直《じか》に話すリアルなコミュニケーションの価値はずっとなくならないでしょう。出会う人が変わると、必然的に出会う言葉が変わります。それが新しい体験になるのです。

英語を使えるようになると、新しい出会いが生まれ、出会う言葉が変わります。そうすると、さまざまな角度から知識が得られるようになり、視野が広がります。**視野が広がり、俯瞰《ふかん》して物事が捉えられるようになると、行動力はアップします。**五里霧中で先行き不透明な道には、躊躇して足が踏み出せないもの。視野が広がって俯瞰できたら、これから歩む道の先がどうなっているかが見通せるようになりますから、安心して行動できるようになるのです。

これからの教育で重要になるのは、「何を教えるか」ではなく、「何を経験させてあげられるか」。そして、英語は知識であり、スキルであると同時に、行動力、問題発見能力を高めてくれる重要なツールとなるのです。だからこそ子どもを成長させるためにも、小さいうちから英語を学ぶ必要がある。僕はそのように考えています。

「わかる」と「できる」は違う。必要なのは「失敗する勇気」

知識重視型の教育は、インプットした知識をいかに間違えずに正しくアウトプットできるかが重要で、それがテストの点数として評価されました。一方で、行動すると何が起こるかというと、必ず間違えたり、失敗したりします。**行動力の時代には、間違えたり失敗したりすることを恐れないことが重要になるのです。**

僕が子どもたちによく言うのは「わかる」と「できる」の違いです。わかっても、できないことはたくさんあります。

英語学習で考えてみましょう。僕は中学校で英語を教えていた時期があります。中学3年の英語では、現在完了形を教えます。「過去形なのか現在完了形なのか」という区別の部分で難しい面はありますが、基本的に文法構造はそれほど複雑なものではありませんので、比較的「得意！」と思っている子どもも多くいました。けれど即興で話すスピーキングテスト（もしくはライティングテスト）などを実施すると、現在完了形を使って自己表現する子どもはほとんどいないのです。

高校生になってくると、ようやく使用率も少しずつ増えてきますが、僕自身、現在完了形を実際に使えるようになったのは大学生になってからでした。これも「わかる」と「できる」が別レベルにあることを示した例だと思います。ルールを理解していることと、実際に使えることは別のレベルなのです。

テストで高い点数が取れる子どもは、英語がわかっているかもしれません。それなのに、英語が使えないのは「わかる」を「できる」に昇華できていないため。これまでの知識重視型の日本の教育では、それでもよかったのです。

けれど、これからの行動力の時代には、「わかる」で終わらず、それを「できる」にする教育が求められます。インプットした知識を間違えずにアウトプットすることではなく、知識と自分の体験を組みあわせた自分らしいアウトプットである「できる」をいかに増やすかが肝心です。テストで良い点を取ることは、「できる」ではないのです。

そして、**「わかる」を「できる」にするには、どうしても数多くのトライアル＆エラー（試行錯誤）が必要になります**。失敗を恐れず、数多くの失敗を繰り返すプロセスで最善の道を自分なりに見つける他ないのです。

テストで良い得点を取るための勉強では失敗は許されません。それは「わかる」を増やすための勉強。「できる」を増やすには、失敗をたくさんしなくてはなりません。

だから、僕の英語の授業では子どもたちにどんどん話してもらいます。そこには言い間違いもいっぱい出てきますが、僕はいちいち指摘しません。それは英語を話す経験を重ねるなかで、いつしか修正されるからです。教師の立場からすると、書いたものは証拠が残るので不適切な表現や文法ミスには「×」印をつけるしかありませんが、話したものはその場限りなので多少のミスには目をつぶり、子どもたちの積極性が引き出せるようにします。

Google検索のおかげで、正解にアクセスすることは容易になりました。不正解がレアな時代だからこそ、不正解には価値があります。**子どもたちの本当の「できる」を育てるためには、むしろ大人たちが子どもたちに「失敗を選択させる勇気」が必要なのです。**

そう考えると英語は、問題発見につながる行動力をブーストするだけではなく、話す経験を重ねるその学習のプロセスそのものが、問題発見能力を高めてくれるのです。

日本人は「英語ができる」のハードルが高すぎる

僕は帰国子女でもなく、留学経験もありません。通ったのは、大阪のごく普通の公立小・中・高。日本の大学と大学院で英語の教育は学びましたが、特別な英会話スクールに通ったこともありません。それでも普段、オールイングリッシュの授業を行い、外国人教師たちとも英語でコミュニケーションをしています。GTPの表彰式では、もちろん英語でスピーチをしました。そんな僕の英語を聞いて「どうしてそんなに英語がお上手なんですか？」と驚かれる保護者もいらっしゃいます。

日本にいながらにしてどうして僕が英語を身につけることができたのか。僕が人よりも英語ができるとしたら、それは、人よりはるかに英語で失敗して恥をかいた経験が多いからだと考えています。**英語が伸びるかどうかは失敗の数で決まる。**僕はそう思っています。

そして失敗を恐れずに、とにかく失敗しまくる経験を重ねられたのは、僕が設定している「英語のハードル」が低かったからに他なりません。

語学には4つの技能が必要だとされます。読む（リーディング）、聞く（リスニング）、書く（ライティング）、話す（スピーキング）の4つです。

多くの日本人が苦手意識を抱いているのは、リスニングとスピーキングでしょう。いわゆるペーパーテスト用スキルの「読む・書く」と、会話に必要な「聞く・話す」の間に、見えない高い壁があるのです。でも、この壁や苦手意識は、日本人が作り出した幻だと僕は思っています。日本人の「英語ができる」はハードルが高すぎるのです。

僕の小学校6年生の英語授業を参観した大人たちは「お、スゴい！」とビックリされます。確かにうちの6年生の英語は「スゴい」かもしれませんが、裏を返すと、それを

「スゴい！」と判断できるだけの英語力がある証拠。「この英語を小学生が聞き取れるの？」と驚かれたなら、少なくとも6年生より英語はできるわけです。英語ネイティブではない国の方々が聞いたら、十分に「上手」というレベルに達しているのです。

「英語ができる」のハードルを上げすぎると生じる弊害は、「たいした英語力じゃないから」と間違えることを恐れて、英語を使わなくなることです。使わないと英語力は低下しますから、英語が本当に不得手になりかねません。もったいないですよね。

人間は得意だと思っているスキルは積極的に使いますし、不得意だと思ったら使うのに尻込みします。そしてスキルは使うほど磨かれるものです。失敗を恐れて行動しないと、上達する機会は失われてしまうのです。

ハードルを下げると、英語を使う機会を増やせる

僕の小学校の保護者に限らず、少なくとも中高の6年間英語を学んできた日本人の英

語は、一定のレベルに達していると僕は思っています。それなのに年齢や学習歴、留学体験のなさなどを理由に「僕は英語ができないから」と思い込んでいる方があまりにも多すぎます。**必要なのは「英語ができる」のハードルを下げて、使う機会を増やすことです。**

ハードルを上げると、せっかくネイティブと話す機会があっても、隣に自分よりも英語が話せる人がいたら「ちょっと通訳してよ」と頼って英語を使わなくなります。ハードルを下げて「英語ができる」と思っていたら、片言でもネイティブと会話しようという気持ちになるはずです。一体どちらが英語は上手になるでしょうか。

保護者はハードルを下げて、親が「英語ができる」ところを子どもに堂々と見せてみましょう。英語なんてできない、話せないと勝手に思い込んだ挙げ句、その無念の思いを子どもに託して英語を幼児から勉強させる……。そんな身勝手な押し付けで子どもが成功した、英語力が花開いたという例を、僕は残念ながら見聞きしたことがありません。

僕が子どもたちによく見せる動画があります。それは、ポルトガル生まれのサッカー界のスーパースター、クリスティアーノ・ロナウド選手が来日して開いた記者会見で、歓迎の挨拶をしている日本人少年とのやり取りを記録した動画です。

少年はメモを見ながらポルトガル語でロナウド選手に懸命に挨拶しています。それにロナウド選手も耳を傾けていますが、取材に訪れていた日本のマスコミ陣から少年のたどたどしいポルトガル語に失笑が漏れます。失笑に気づいたロナウド選手はマスコミ陣に向かい、「なぜ笑うの?」「彼のポルトガル語はうまいよ」と優しくフォローします。

完璧ではないにしても、必死に話している人を笑うような文化。その文化を変えない限り、英語が話せる日本人は増やせないのではないでしょうか。子どもたちにも「ここで笑うような大人になったらダメだよ」と僕は言い続けています。

英語＝学力ではありません

英語と学力を無意識のうちに関連付けて考えてしまう人も大勢いますが、英語と学力はイコールではありません。

たとえ分数の計算が苦手で算数の学力が低いとしても、生まれてからずっと日本で暮らしていたら日本語は普通に話せています。それと同じです。

勉強が不得手な子どもが「オレは頭が悪いから、英語なんかしゃべれない」と言ってきたら、僕は次のような話をします。

「もしも君がアメリカ人だったら、いま『オレは頭が悪いから、英語なんてしゃべれない』と英語でペラペラと話しているわけでしょ。アメリカには日本の3倍くらいの大勢の人たちが住んでいるわけだから、きっと勉強が苦手な人もいるはず。それでもみんな英語ペラペラ。だとしたら勉強ができる、できないと英語力は関係ないよね。だから英語、頑張ろうな」

こういう喩《たと》え話をすると子どもたちは素直に納得してくれます。

算数は苦手でも、英語ならできるかもしれないと前向きになってくれたら、英語が身についてきます。英語が上達して自信が生まれたら「オレは頭が悪いから」という思い込みがなくなり、他の教科の勉強にも前向きに取り組んで学力が上向くのです。

保護者も自分の学歴や学力を言い訳にせず、ハードルを下げて「お父さん、英語はできるから」という気持ちで、ぜひお子さんと一緒に英語に向き合ってみてください。

英語力が伸びるタイプ、伸びにくいタイプ

英語と学力が関係ないとしたら、「英語が伸びるタイプとはどんな子どもですか？」という質問を受けることがあります。

きちんと学べば英語は誰でも身につきますが、残念ながら英語が「伸びやすいタイプ」と「伸びにくいタイプ」がいるのも事実です。

英語が伸びやすいのは、先ほどからお話ししているように、失敗することを恐れないタイプです。間違えてもいいからどんどん英語を使おう、とする子は間違いなく伸びやすいといえます。

さらにいえば、そういう子はたいてい好奇心が強いのです。

僕の英語の授業はオールイングリッシュですが、僕は子どもたちに「だいたい意味がわかればいいよ」と言っています。それでも「え、聞こえなかった。もう一回教えて」と身を乗り出す子どももいます。あるいは「なんでIだけ大文字なの？　heは小文字なのに」とか「どうしてIの次はamなの？　なんでisじゃいけないの？」といった

具合に、細部まで「なんで」「どうして」と疑問を持つ子どももいます。結果として、こういう子どもは英語が伸びやすい。

つまり、英語に限らず、家庭では何にでも好奇心を持つような子どもに育ててあげてほしいのです。それにはお父さん、お母さん自身が何にでも興味を持ち、子どもが投げかけてきた小さな疑問にも「なんでだろう?」と一緒になって考えてあげられるような環境が大切です。子どもはそもそも好奇心のかたまりです。ですから、好奇心を「育てる」というよりも、「奪わない」という表現の方が適切かもしれません。

反対に英語が伸びにくいのは、失敗を極端に恐れる子です。失敗をしたくないと思っている子は、英語にチャレンジしづらい。間違ってもどんどん話せばいいのに、それが性格的にできないのです。

失敗を恐れる子が英語を学ぶポイントも、やはり「英語ができる」というハードルを下げること。ハードルを上げるほど失敗の確率が高まり、恥をかきたくないのでチャレンジしなくなります。これでは英語を使うチャンスが減り、上達しにくくなります。

失敗を恐れる子に対して、僕は英語の授業ではあえてアプローチしません。そこは担任を持っている強みを最大限に使います。

どんな子どもでも、その子らしい強みや魅力が必ずあります。担任として学校でいちばん近くから観察していると何かが見つかるのです。

失敗を恐れる子のなかには、じっと一人で本を読むのが好きというタイプが少なくありません。そんな姿を見かけたら、「本が好きなの?」と声をかけます。自分の得意分野では恥をかく心配はありませんから、恥ずかしがり屋さんでも「先生、この本は面白いよ!」と話に乗ってきます。そのタイミングで「じゃあ、その本について先生に英語で紹介してみてくれない?」と声をかけます。

その場では「英語ではちょっと」と尻込みしたとしても、同様に繰り返し接していると、いつか「日本語だと恥ずかしいけれど、英語なら恥ずかしくない」と思える瞬間がやってきます。英語好きになるターニングポイントです。

英語好きになる入り口は、読書だけとは限りません。**いちばん近くで寄り添っているお父さん、お母さん方は、子どもたちの強みや魅力を、僕たち教師以上にわかっています**。失敗を恐れる子にはそこを糸口として、「英語だったら恥ずかしくない」という気持ちにさせてあげてください。

英語はゴールではなく、スタートライン

英語教育の都市伝説の1つに「英語さえできれば万能」というものがあります。子どものなかにも、「英語一本で生きていく」とか「英語を使った仕事に将来就きたい」といった希望を語るタイプが大勢います。

「英語を使った仕事をしたい」と言う子どもに、僕は次のような質問をします。

「英語を使った仕事なんて無限にあるよ。アメリカでもイギリスでもほぼ全員が英語を使って何かの仕事をしているでしょ。そのなかで何がしたいの？　日本でも僕は英語の先生をしているし、京都駅の駅員さんだって英語が使えるよ」

そう重ねて聞くと、多くの子どもは「わからない」と口ごもります。こうした傾向は英語を学んで間もない小学生だけではなく、中学生にも高校生にも見受けられます。

「英語一本で生きていく」と将来を語る子どもたちは、いつしか英語を身につけることがゴールになっています。

けれど、**英語の学びはスタートにすぎません。**

それを実感してもらいたくて、僕は子どもたちに「英語がネイティブのアメリカ人やイギリス人は英語の勉強なんてしないよ。英語ができるのはスタートライン。英語で何をしたいかを考えてみようね」と語りかけます。

日本人の「英語ができる」のハードルが高すぎる理由の1つも、「英語ができる」のがゴールだから。**英語は自らの好きな仕事をして夢を叶えるための手段であり、スタートラインだと捉え直すなら、仕事や夢と向き合うレベルの英語力があれば十分。ネイティブ並みにペラペラでなくてもいいのです。**

日本の大学の評価は現在、世界的には決して高くありません。保護者のなかには、将来を見据えて、子どもにハーバード大学やケンブリッジ大学といった世界のトップ大学に進んでほしいと願っている方もいます。

ハーバードやケンブリッジに進むには高い英語力が必要ですが、ハーバードやケンブリッジに受かるのはゴールではありません。

ハーバードやケンブリッジに行くなら、どの先生の元で何を学ぶのか。その学びを活かしながら、人生で何をやり遂げたいか。これからの時代の子どもたちに必要になるのは、そこまで意思を明確にすることです。

仮に、子どもにロボット工学を学んで世界的なロボット設計者になりたい、という願いがあるとしたら、進学先はハーバードではなく、ロボット工学で世界トップのコンピュータ科学・人工知能研究所を擁するＭＩＴ（マサチューセッツ工科大学）になるでしょう。

どこで何を学ぶのか。それが明確になり、たまたま進学先がアメリカやイギリスだったとしたら英語は勉強以前の問題になります。

ハーバード、ケンブリッジ、ＭＩＴといった世界的に評価の高い大学は、母国以外からも多くの学生が受験します。

当然狭き門ですから、英語ができてようやく同じ土俵に上がれたという状態。マイナスをゼロにしただけですから、勝負はそこからです。となれば「英語を2時間勉強したから、勉強はもうおしまい。ゲームでもやろう！」とはならないはずです。

英語がゴールではなくスタートであり、自らの夢を実現するための手段である。そう頭を切り替えた子どもたちは、英語の勉強をまったく苦に思わなくなります。外国語を学ぶ最良の方法はその言葉を話す恋人を作ることであると言われます。同じように知りたい、学びたい、話したいという学習動機を持つとモチベーションが高まり、理想的な英語学習者となるのです。

留学を決して否定はしませんが、英語を身につけるためだけに外国に行くというのは時代遅れ。〝何か〟を学ぶために留学する。そのための手段として英語が必要だから英語を学ぶ。これからの時代は、そういうスタンスが求められるでしょう。

CHAPTER 2

「英語教育」のイメージをアップデートする

ＡＩ時代、学校教育は大きく変わる

はじめに下の２枚の写真を見てください。１枚目は、１２０年前の１９００年頃の学校の教室の様子。２枚目は、現代の教室の様子です。

１９００年というと、夏目漱石がイギリス留学に出かけた年。４年後の日露戦争で大活躍する戦艦

©東北カラーエージェンシー／アフロ

©アフロ

三笠が進水したのもこの年です。それから120年で、テクノロジーは考えられないほどの発達を遂げ、社会も人々の暮らしも街並みも大きく変わりました。

ところが学校の教室となると、どうでしょう。ほとんど変わりがありません。黒板があって、教卓があって、児童用の机と椅子が教卓に向かって並んでいます。僕たちの子どもの頃と、ほとんど変わっていません。

教室の姿が変わらないだけではありません。授業の中身もさほど変わりません。先生は自分たちが受けた教育の常識の影響下から抜け出すのは困難なので、授業の中身はなかなか変わらないのです。

子どもたちが先生の方を向いて黙って話を聞き、黒板に先生が書いた内容をノートに書き写して知識をひたすら詰め込む。プリントで宿題を出し、テストできちんと知識が身についているかを確認する……。「令和」に元号が変わっても、「昭和」時代の授業スタイルがそのまま引き継がれています。

たとえタブレットやPCを教育に導入したとしても、授業スタイルが昭和のままでは意味がありません。今の大人たちが子どもの頃に受けてきたような、教師が板書やプリントに頼りきりで、子どもたちに知識を一方的に伝える、という授業スタイルは廃れていくでしょう。AI時代には、新しい授業スタイルが必要となるのです。

2020年度から始まる小学生英語教科化

日本には、明治から120年続く英語教育の歴史があります。この120年の間に社会は大きく変化し、テクノロジーも大きく進化しました。けれど英語教育はずっと変わることがありませんでした。

ところがいよいよ2020年度から、文部科学省による新学習指導要領が導入されます。英語教科における大きな改革点は、**「読む」「聞く」というインプット系の技能だけでなく、「話す」「書く」というアウトプット系技能を高めることを目指していることです。**

改革の背景には、このグローバル時代、英語教育を変えない限りは、テストの点数が良くても、一向に英語でコミュニケーションをできる日本人が増えない、という文部科学省の焦りがあります。2020年度からの予定だった大学入試改革は先送りになりましたが、小学校からの学習指導要領の改訂は実施されます。

具体的な授業の内容は公立か私立かでも変わりますが、以下は公立小学校を中心に要点を記述します。

2020年度施行の新学習指導要領においての最大の変更点は、小学校5〜6年生で実施していた外国語活動（英語）に小学校3〜4年生から取り組むようになり、小学校5〜6年生では英語が正式な教科に格上げされること。つまり小学生の英語も、5〜6年生に関しては教科として成績がつくようになります。

小学校3〜4年生では、年35時間（週1〜2回）の英語の活動が行われます。教えるのは基本的に担任の先生。そのために2014年から小学校の先生のための英語研修が各地域で行われてきました。活動内容は「聞く」「話す」がメインです。

小学校5〜6年生では、年70時間（週2〜4回）の英語の授業が行われます。教えるのは担任の先生と英語専任教師。内容は「読む」「書く」という2技能がプラスされます。

中学校では小学校までの流れを引き継ぐ形で、従来の「聞く」「読む」に加えて「話す」「書く」を重視した授業が行われます。

受験英語と「本物の英語力」は両立できる

自分が受けてきた教育とは異なるカリキュラムとなるため、漠然と不安を感じている保護者もいらっしゃるかもしれません。さらには、大学入試改革の行方も不透明です。けれども、僕自身は、今回の改革に対して不安を感じる必要はないと思っています。**たとえ授業や試験の形式に変化があったとしても、英語であることには変わりありません。「本物の英語力」さえ身につけていれば、対応できるはずだからです。**

たとえ今後、大学入試改革がどのような形で行われようとも、「読む」「聞く」のインプット系技能だけでなく、「書く」「話す」のアウトプット系技能も評価する流れになっていくことは間違いありません。それを前提に、小中高の学習指導要領の改訂が行われるからです。

昭和・平成までの大学入試に対応する受験英語を身につけても、英語でコミュニケーションできる本物の英語力はマスターできませんでした。本来、英語に受験用もコミュニケーション用もありません。1つのモノなのに、日本人がそれを受験用とコミュニケーション用に分離させたのです。2020年から始まる改革は、離れ離れになった両者をあるべき姿に一本化する試みです。

なぜ受験用の英語を作ったのか？　それは順位付けをするのに便利だからでしょう。日本人は勤勉で賢いので、ちょっとやそっとのテストではみんな100点満点が取れてしまいます。それでは順位付けができないため、受験英語はどんどん細分化して難しくなりました。難しくなったテストに対応するための対策を塾が打ち出すと、それに負けじと入試の英語が一層難しくなる……。この競争原理で、気づくと受験英語とコミュニケーション英語が乖離《かいり》したのです。

グローバル化が進み、英語でコミュニケーションが取れる人材が求められるようになり、国もようやく英語教育の抜本改革に乗り出しました。日本は良くも悪くもテスト文化で、その頂点には最高学府である大学の入学試験があります。ですから、大学入試の英語を変えれば、英語教育はドミノ倒し的に変わるでしょう。その頃には受験英語とコミュニケーション英語の隔たりはきっとなくなっています。学校のカリキュラムが変わろうが、入試制度が変わろうが、「本物の英語力」さえ身につけていれば対応できるはずなのです。

「本物の英語力」とは何か？

保護者たちも、お子さんにテストで良い点を取ることを望む一方で、よく「うちの子には、本物の英語力を身につけさせたいんです」とおっしゃいます。では、本物の英語力とは何でしょうか。

英語教育を僕は次ページのようなピラミッド構造で説明しています。

いちばん土台にあるのが「聞く＝リスニング」。その上にあるのが「読む＝リーディング」で、そこへ「話す＝スピーキング」、「書く＝ライティング」が順にのっかっています。

このうちリスニングとリーディングがインプット（入力）、スピーキングとライティ

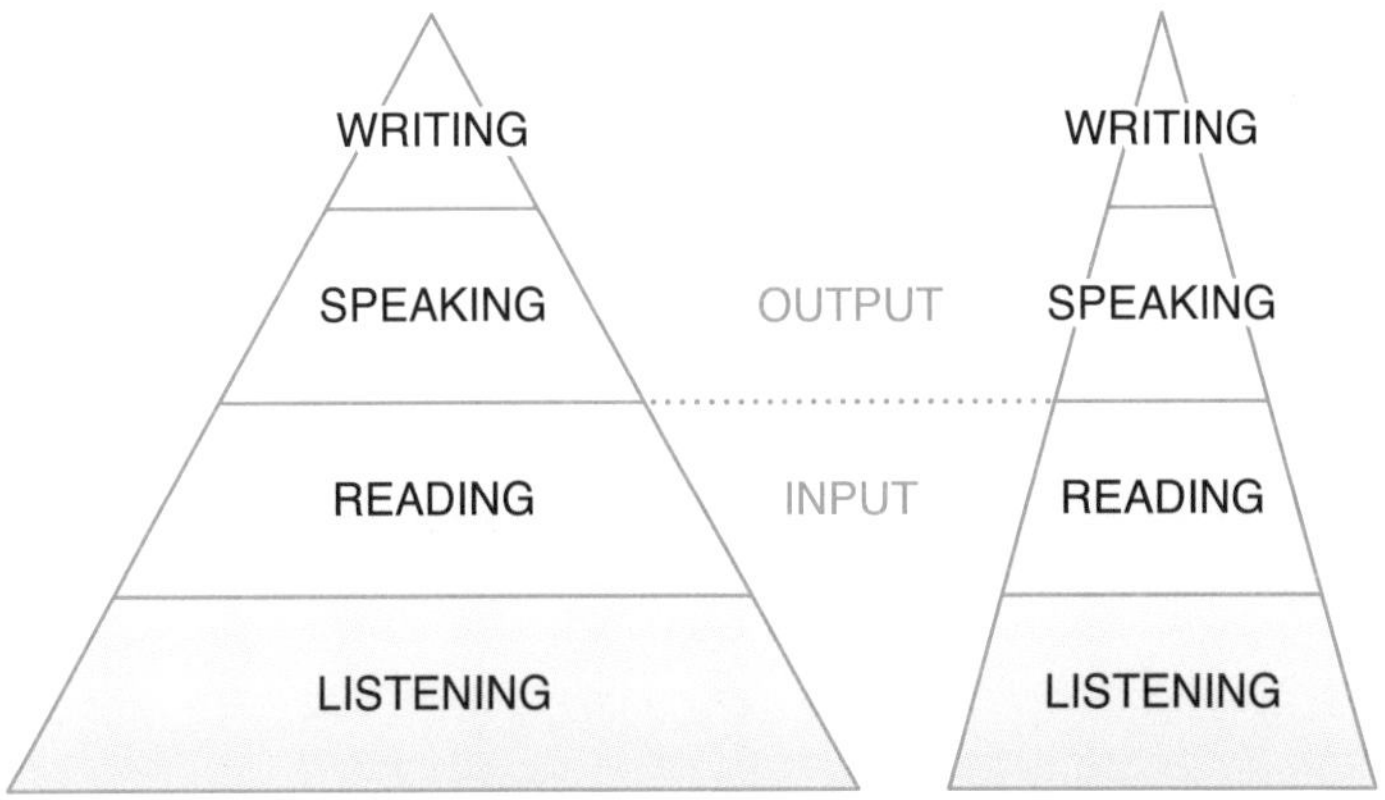

「聞く」「読む」のインプットの土台がしっかりあってこそ、「話す」「書く」のアウトプットも豊かになる（左）。反対に、インプットの量と質が低いと（右）、アウトプットの量と質も低くなってしまう。

ングがアウトプット（出力）です。

土台がいちばん広く、上に向かうにつれて徐々に狭くなるピラミッドのフォルムをイメージすると、**インプット以上のアウトプットはできないとわかります。**大きくて高い建物を建てるには、広くて頑丈な土台が欠かせません。同じように日本人が苦手なアウトプットを高めたいなら、インプットという土台を固めるのが先決なのです。

仮に１００本の英文が聞き取れるようになったら、そのうち30本くらいはスピーキングできるようになり、10本程度はライティングができます。アウトプットの量の充実には、基礎となるインプットの量と質をどれだけ高められるかが勝負です。

インプットを100本から200本に引き上げると、60本はスピーキングできるようになり、20本はライティングできます。インプットを300本にすると、90本はスピーキングできて30本はライティングできるようになるのです。

僕の勤務校では1年生から英語の授業がありますが、このピラミッド構造を踏まえて、小学校の6年の間は「聞く」「読む」のインプットの期間と考えています。アウトプットは中学生以降にできるようになればいい、と構えて、小学生のうちはひたすらインプットの量と質を高めることを重視しています。これは、小中高の一貫教育校の強みです。

英語教育を「聞く」からスタートさせることは、言語を覚えるときの脳の認知プロセス的にも合致します。

それは、僕らがどうやって日本語を覚えたかを振り返ると明快です。

僕らは親が話す日本語をひたすら聞いているうちに、それを真似《まね》て話せるようになります。絵本が読めるようになると、それを真似て書けるようになります。

ただし**インプットは重要ですがそこで終わりにせず、アウトプットまで突き詰めないと英語力は高まりません**。アウトプットまでできるようになって初めて、本物の英語力が身についたといえるのです。

明治時代から120年続く日本の英語教育は、インプットまでで終わっていました。これからの英語教育には、強固なインプットの土台の上に、アウトプットを積み重ねることが求められるのです。

ネイティブの先生に任せれば安心、ではない

「アウトプットが重要」と言うと、「じゃあ、ネイティブの先生との会話のクラスがある学校じゃないと」「英会話スクールに通わせないと」と思う方もいらっしゃるかもしれません。もちろん、**英語を使う機会を増やすことは大切ですが、ネイティブの先生がいるスクールに通わせさえすれば安心、と考えるのはNGです**。

もちろん学校にネイティブの先生がいるなら、放課後に先生と話をしてみるのもよい

でしょう。ただしその際、スピーキング力を引き上げる観点からすると、間違いはきちんと指摘してほしいのです。

ありがちなのは、日本人がたどたどしい英語で話しかけても、ネイティブが〝Yeah! Alright!〟と笑って済ませてしまうこと。〝Ｈｅｌｌｏ〟と〝ＯＫ〟だけでも英会話は成立します。日本人でも、外国人がめちゃくちゃな日本語で話してきても、あえて間違いを指摘せずに「日本語、上手ですね！」と言ってしまいます。それと同じなのです。これではいつまでたっても本当の英会話ができるようにはなりません。

ほんの初期レベルでは、多少文法などが間違っていても「よくできたね！」と褒めて伸ばすことが求められます。しかしあるレベルを超えると（僕の考えでは英検準２級以上です）、間違いを丁寧に指摘するフィードバックがないと英語力は伸びにくいのです。

日本の一流大学では、ネイティブの先生の英語の授業は意外と人気がないそうです。それはネイティブの先生より、日本人教師たちの方が正当なフィードバックをしてくれるからでしょう。

学校選びでも英会話教室選びでも「あそこはネイティブの先生がいるから安心だ」「ネイティブの先生に任せておけば」というネイティブ神話は終わりにした方がいいと

思います。ネイティブさえいれば4技能の問題が解決する、というわけではなく、**必要なのは、ダメなところがあれば細かく指摘してもらえる、正しく評価してフィードバックしてくれる先生なのです。**

とくに、英語が一定レベル以上になった場合には、フィードバックをしてくれる先生の存在は、英語力を伸ばすのにとても重要になります。逆に言えば、ネイティブの先生でなくても、正しいフィードバックさえあれば英語力を伸ばすことは十分にできます。

明治から続いてきた日本の英語教育が「本物の英語力」を育めていなかったのは、英語を聞けて、読めて終わっていること。言う練習をして、それを書くという作業に落とし込み、初めて英語は子どもたちの脳にインプットされます。「書く」＝「考える」だとよく言われますが、まさにその通り。英語が書けないうちは、定着していないのです。

ネイティブの先生との楽しいクラスで、英語が好きになったり、英語を使うことに抵抗はなくなるかもしれません。けれど、もし英語力が一向に高まらないのだとしたら、それは「書く」という作業にまで落とし込めていないためでしょう。

さらに言えば、「書く」まで落とし込めたとしても、旧来の英語教育には音声が伴っていませんでした。英語学習の勝敗を左右するのは、文字と音をどれだけ固く結びつけられるかなのです。

〝I have a dream that my four little children……〟という文字の羅列をボーッと眺めているだけではなく、文字を見ながら音読して文字と音を固く結びつけるプロセスが大切です。

音を聞いて文字にするのは比較的簡単ですが、逆に文字を見て音にするには知識がないとできません。音だけでも文字だけでもダメなのです。僕が音読を重視する理由の1つです。音読の学習法については第3章で触れます。

「本物の英語力」に、英文法を学ぶことは必要か？

英語ネイティブは英文法を学んでいなくても英語が話せます。僕らだって日本語の文法を知らなくても日本語が話せます。

そこで「英文法の勉強って必要なの？」という問いが生まれます。英文法を学習するよりも、どんどん話す練習をする方が、本物の英語を身につける近道なのでは、と考える方も当然いるでしょう。

結論から言うと、**英文法の学習は、日本人が効率よく英語を学ぶのに役立ちます**。英語ネイティブに英文法が不要なのは、もともと英語が話せるから。僕らに日本語の文法が不要なのは、僕らが日本語を話せるからです。

英文法は、インプットであるリスニングとリーディングを、アウトプットであるスピーキングとライティングへつなげる橋渡しをする存在です。

英文法を本格的に学ぶのは中学生になってからですが、その前段階として子どもに英文法の必要性を理解してもらうために、僕は授業で次ページのようなゲームをします。

子どもたちには、1から45までの数字がランダムに書いてある紙（次ページ上）を配ります。そして、二人一組になり、「今から30秒以内に1から順番に45まで丸印をつける」というゲームに挑んでもらいます。30秒後、より多くの数字に丸印をつけられた子どもが勝ち、そうでない子どもが負けになります。やってみるとわかりますが、30秒以内に45までの丸つけに辿《たど》り着くのはなかなか難しいゲームです。

28 10 38 11 2 39 21 3 12
37 1 19 20 29 30
22 14 41 5 42 33 24
31 13 32 23 15 6
40 4
25 16 43 8 44 36 45
34 7 17 35 26 18 9 27

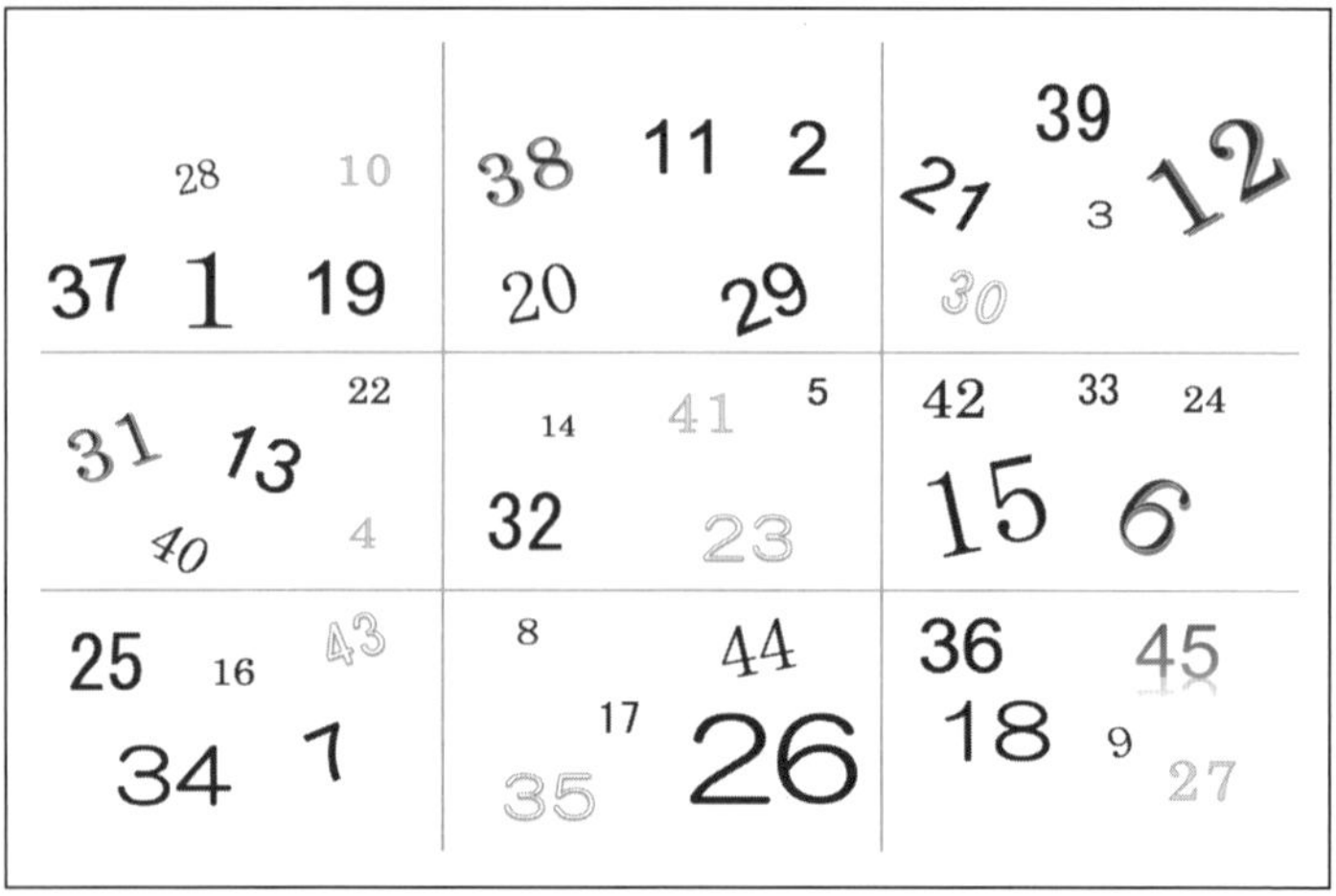
28 10 38 11 2 39 21 3 12
37 1 19 20 29 30
22 14 41 5 42 33 24
31 13 32 23 15 6
40 4
25 16 43 8 44 36 45
34 7 17 35 26 18 9 27

次に、勝った子どもたちは机に顔を伏せてもらい、負けた子どもたちだけに「これを見たら、次の勝負は勝てるようになるよ」とある画像を見せます。前ページ下のような画像です。

一見ランダムに並んでいるように思えた数字は、9分割されたマスに5つずつ収まっていたのです。だから上段から順番に、左から右へ数字を1つずつ拾っていくだけで、次から次へと数字に丸印が付けられます。

初戦に敗れた子どもたちは「なあんだ、そういうことか」と、理解します。そうしたら画像を隠して、「はい、じゃあ、みんな顔を上げて」と声を掛けます。もう一度、新しい紙を配って同じゲームをスタートさせるのです。

前回負けた子どもたちはルールがわかっているので、今度はものスゴいスピードで数字に丸印を付け始めます。ルールを知らない子どもたちは、その姿を目の当たりにして「なんで、なんで」と目を白黒させています。その間に最初に負けた子どもたちが見事リベンジします。

このゲームを終えた後、最初に勝った子どもにも種明かしをしたうえで、「英文法を学ぶのは、このゲームで数字がどういう順番で並んでいるかというルールを理解するようなもの。数字に線を引くこと。だから英語の理解も早くなるんだよ」と伝えます。

このゲームと文法を結びつけるのは強引かもしれませんが、子どもたちにはとても響くようです。**ルールを知っているだけで、世界の見え方が変わるということ、ルールを知っているといないとでは、世界の理解の仕方がぐんと効率よくなるということを感覚的にキャッチするからでしょう。**すると、「英文法なんて意味あるの？」と思わずに、授業に前向きに取り組んでくれるのです。

英文法は〝書くドリル〟ではなく〝話すドリル〟で覚える

英文法は大切ですが、ペーパーで教えてペーパーテストでその理解度を確認するという教え方では、なかなか身につきません。

最悪なのが、ある例文が、ＳＶＯ（主語＋述語動詞＋目的語）やＳＶＯＣ（主語＋述語動詞＋目的語＋補語）といった5文型のいずれに当たるかを答えさせるようなテスト問題。「わかる」前に英語が「できる」になっているアメリカ人にこんなテストを出しても、誰も100点は取れないでしょう。いくら文法が大切とはいっても、ネイティブが答えられないような問題をせっせと解かせることには意味はないと思います。

僕が中学校で教えていた頃は、英文法について問う〝書くドリル〟ではなく、〝話すドリル〟に取り組んでもらいました。

たとえば現在完了形を教える際、従来はペーパーにいくつかの例文を並べ、そこから正しい使い方をしているものを選ぶといったスタイルが主流でした。そうではなく、現在完了形を使うのが自然な状況を作り出し、会話のなかで現在完了形がすっと頭に入るようなドリルを考えたのです。

たとえば、ランチ前の授業では「そろそろお腹《なか》が空いてきたね。先生は天ぷらが大好きだから、今日はいろんな天ぷらを紹介するね」と英語で前振りをしてから、子どもたちにエビとかかき揚げとかアスパラガスといった天ぷらを画像で紹介します。

最後に画像を出すのが、アイスクリームの天ぷら。「これ何だと思う？　アイスクリームの天ぷらなんだよ！」とビックリさせてから、

〝This is tempura ice cream. Have you ever eaten tempura ice cream?（これが天ぷらアイスクリームだよ。天ぷらアイスクリームって食べたことある？）〟

と尋ねます。

現在完了形という英文法を知らなくても、話の流れから〝Have you ever〜〜?〟が、「〜〜したことがありますか？」という意味だと何となくわかります。

子どもたちはまだ何となくしか理解していませんから、その流れで、

〝Have you ever been to Niagara Falls?（ナイアガラの滝に行ったことがありますか？）〟

〝Have you ever seen a shooting star?（流れ星を見たことがありますか？）〟

といった話すドリルをテンポよく行いながら、子どもたちに〝Have you ever〜〜?〟が、「〜〜したことがありますか？」であるというパターンを覚えてもらいます。

次の段階では「じゃあ、みんなも質問を考えよう！」と振り、

〝Have you ever eaten Mexican food?（メキシコ料理を食べたことがありますか？）〟とか〝Have you ever been to Okinawa?（沖縄に行ったことがありますか？）〟といった例文を次々に展開します。最終的には書くところまで落とし込み、定着させるのです。

英語は体育と同じ。実技の一種です

座学で英文法を覚えるのではなく、話すドリルで子どもたちに覚えてもらいたいのは、英語は実技だと思っているからです。

右腕をお腹の横まで掻《か》いた後に、左腕を水に入れる……といった説明を頭で理解しても、それでクロールが泳げるようになるわけではありません。言葉で説明できなくてもカラダで覚えて泳げてしまえばそれでＯＫ。英語も同じです。

英文法が座学に終始したら、いつまでたってもインプットをアウトプットに変換できなくなります。ペーパーでテストできる単なる知識で終わらずに、**話すという行為を通してカラダが覚えるとその定着率が格段に上がります**。ことに現代の子どもたちは、カラダを通さないと脳の奥に定着しにくいと僕は感じています。

ＩＣＴが進化すれば、在宅勤務ならぬ在宅学習だって技術的には可能でしょう。それが技術的に可能だとしても、スマホやタブレットを介したり、生身の人間ではないＡＩが先生役になったりすると、リアルな体験と体感が伴わないので、学びの定着率が悪くなるのではないか。僕はそう危惧しています。

ゆえに僕たち教師の側は、子どもたちとフェイス・トゥ・フェイスで膝を突き合わせて授業をしているメリットを最大限に活かすべきだと考えています。

僕は、ある子どもが少し難しい問いをクリアしたら、「イエーッ！」と声を上げてハイタッチをします。そうしたリアルな体験が、血肉となってその子の成長につながると信じているからです。

英語を実技として捉え直すと、教師側には思わぬメリットがあります。子どもたちが、授業に集中して居眠りしなくなるのです。

英文法を紙の上だけで教えようとすると、退屈に感じて授業中に居眠りをする子どもが何人か出てきます。それは子どもだけが悪いのではなく、退屈な授業をしてしまった教師側の責任でもあります。

英語を実技と捉え直して、教師の話を一方的に聞くだけで終わるのではなく、子どもが積極的に話して英語を使う機会を作ると、授業中に居眠りする子どもはいなくなります。体育の授業中に居眠りする子どもがいないのと同じです。それだけでも授業は活性化して子どもの理解度も上がるのです。

小学生でも卵は「egg」と言えますが、「じゃ、『卵を割る』は英語でなんというの?」と聞くと答えられる子どもはほとんどいません。同じように水は「water」と言えるのに、「水を注ぐ」を英語でどう表現するかは答えられる子どもは多くありません。それはペーパーだけで学び、実技的な体験が少ない弊害の1つです。

実技的な英語の授業なら、実際に卵をボウルに割り入れながら、「break an egg open(卵を割る)」という表現が使えます。同様にコップに水を注ぎながら「pour the water(水を注ぐ)」という表現が使えるのです。

続いて子どもたちにも、卵を割ったり、水を注いだりしながら、その動作に相当する英語を話してもらうと、定着率がアップします。

この方法だと、学校の教室にはなく、家庭にしかない〝冷蔵庫〟や〝洗濯機〟といった単語を使うチャンスが減ります。そこは家庭でお父さん、お母さんにフォローしてほしいところです。**家庭の生活のなかでこそ、「これ、英語でなんて言うんだろう?」と、実技的に英語を身につけるチャンスはたくさんあるはずです**。次の章では、家庭でできる英語学習についてお伝えします。

CHAPTER 3

家庭でできる新時代の英語学習法

学校にお任せ、では、英語力が身につかない理由

外国語を習得するには、長い時間が必要です。逆に言うと、時間さえかければ、誰でも外国語は習得できます。一般的に英語を身につけるには、2500時間から4000時間の学習が必要とされています。

球技にセンスが良い人と悪い人がいるように、英語にもセンスのアリ、ナシがあります。センスに優れたタイプは2500時間で習得できたとしても、センスに乏しいと4000時間要することもあるのです。

仮に英語の授業が週4コマあるとします。1コマ45分だとすると、年間で140時間ほどになります。実際には行事やイベントなどで授業時間が削られることがありますから、実質は年間120時間程度でしょう。

小学校3年生から高校3年生までの10年間、週4コマずつ英語を学び続けたとしても、トータルの英語学習時間は1200時間。2500時間の約半分、4000時間の

3分の1以下にすぎません。

使える英語を身につけるためには、学校の授業で英語を学んでいるだけではどうしても足りない。そうなると学校の授業中以外で英語を自主的に学ぶ時間を増やす必要があります。

逆に言えば「英語教育に熱心な私立校と違って、うちの子が通っているのは普通の公立だから」と諦める必要もないのです。もともと、学校で学べる時間では、圧倒的に足りないのですから。

ここでやってはいけないのは、「学校の学習で足りないのだから、先生には英語の宿題をもっと増やしてもらわなければ」と考えること。明治以来、日本人は120年以上このスタイルで英語を勉強してきて4技能が身につかなかった、という過去があるのですから、同じ轍《てつ》を踏んではなりません。そのために必要なのは、子どもが家庭でも自ら英語が学びたくなるような仕掛け作り。この章ではそれをお伝えします。

念のために言うなら、2500〜4000時間という数字は1つの目安にすぎません。何度も繰り返しているように、「英語ができる」のハードルを下げ、行動力をブーストするためのツールとして捉え直すなら、1500~3000時間でもOKかも。それでも学校教育の1200時間では足りないという事実に変わりはありません。

英語で何がしたいかが明確になると、どのレベルの英語が求められるかがわかります。数字にとらわれすぎず、まずは、子どもが楽しんで英語を学びたくなる環境作りを考えてみましょう。

いきなりBBCやCNNを聞いても英語力は上がらない

「英語をシャワーのように浴び続けると、いつの間にか英語が話せるようになる」という説があります。では、テレビでBBCやCNNを流しっ放しにすれば、ある日突然意味がわかるようになるのか、といえば、残念ながらそんなことはありません。

〝Hello〟と100万回繰り返しても英語力は伸びません。逆に小学生相手に家庭でBBCやCNNを流しっ放しにしてもやはり英語力は伸びないでしょう。

意味がわからない英語をいくらシャワーのように浴び続けても、英語は永遠に話せるようにならないのです。それは、お経を聞くのと同じ。僕らは何度もお経を聞く機会はあったはずですが、「南無妙法蓮華経……」の先は言えません。意味を知らないからです。

インバウンドの急増で日本にいながらにして中国語や韓国語を耳にする機会がこれだけ増えたのに、僕らはいまだに「ニーハオ」や「アニョハセヨ」くらいの中国語や韓国語しか話せません。意味がわからないまま、ただ聞いているだけだからです。

英語学習で効果的なのは、「意味のわかる内容」で学ぶこと。僕自身、英語力のメンテナンスのためによく利用しているのは、たとえばＹｏｕＴｕｂｅの外国人向けの日本の紹介コンテンツです。

僕が好きで通勤時間に観ているのは『internationally ME』という動画チャンネル。ニュージーランドで育

internationally ME

ち、現在は日本在住女性のチャンネルです。彼女は英語の発音がキレイですし、内容は、外国人向けの日本の観光地ガイドなので、日本人の僕には当然頭に入りやすい。ＢＢＣでアフリカ難民や中東紛争の話を聞くよりも、よく知っている日本の話の方が理解しやすく、英語も頭に入りやすいのです。

意外に知られていませんが、ＹｏｕＴｕｂｅには字幕機能があります。何を言っているのかわからなかったら、字幕機能をオンにして意味を理解します。それから字幕オフで聞くと、意味がわかって英語が頭に入ってきます。

小さいお子さんでしたら、アメリカの子ども向けのテレビアニメシリーズを観るのもよいでしょう。『The Powerpuff Girls（パワーパフガールズ）』や『Teenage Mutant Ninja Turtles（ティーンエイジ・ミュータント・ニンジャ・タートルズ）』など、ＹｏｕＴｕｂｅで観られる番組もあります。

The Powerpuff Girls

Teenage Mutant Ninja Turtles

「ＹｏｕＴｕｂｅで学習?:」と眉をひそめる方もいらっしゃるかもしれません。けれど、今の小学生は生まれたときからインターネットとスマホがあるデジタルネイティブ。それどころか生まれたときから動画が身近にある「動画ネイティブ」です。**ＡＩ時代とは、常識がコロコロ変わる時代。大人の常識は子どもの非常識です。**

デジタルネイティブで動画ネイティブの子どもたちは、動画で遊ぶだけではなく、学ぶのが当たり前です。そんな動画ネイティブ世代の常識がピンとこないと、子どもがスマホでＹｏｕＴｕｂｅを観ていると「何しているの！　早く勉強しなさい！」と叱ってしまいがち。これでは、せっかくの英語を学びたいという子どもの気持ちも、しぼんでしまうかもしれません。

もちろん従来の参考書型学習も良い点はあるのですが、動画には動画の良さがあります。参考書は自分のスピードで読みますが、動画は動画が流れるスピードで聞かなくてはなりません。英語の学習という意味では、「わからない部分があっても止まらずに聞き続ける」ということは効果的です。全体像を理解するという意味においては、動画の方がいい場合もあるのです。

英語の勉強は教科書や参考書を開いて黙ってするもの。まずは、そんな僕らの常識を捨てましょう。

「i＋1（アイ・プラス・ワン）」で英語力を伸ばしていく

僕がインプットで重視しているのは、「i＋1（アイ・プラス・ワン）」で子どもたちの英語力を引き上げる工夫です。

「i＋1（アイ・プラス・ワン）」とは、現時点のその子の実力（それが僕＝i）より、ちょっぴり難しい（＋1）インプットを与えること。少し頑張ればわかりそうなレベルで、子どもが身を乗り出して「ナニナニ？　先生、もう一回言ってみて！」と思わず聞き返したくなるようなレベルのインプットです。

僕のクラスの子どもたちに少し難しいクイズを出して、「じゃあ、ヒントを言おうか」と水を向けると、「ちょっと待って！　ヒント言わないで！」とみんな嫌がります。少し頑張ればわかりそうなレベルは脳を成長させるのにちょうどいい負荷であり、成長期の子どもほどそれを好むのです。

最初に始めたいのは絵本の読み聞かせ

2500〜4000時間の壁を超えるため、そして家庭で子どもたちが「i+1（アイ・プラス・ワン）」で英語を学ぶ教材としてベストなのは絵本です。就学前や小学生のうちに、英語のインプットの時間を増やす手段として、絵本ほど手軽で効果的なものはありません。

手始めは**英語の絵本の読み聞かせ**から。情操教育や親子関係の強化になるだけではなく、英語のリスニング、リーディング、単語力なども身につきます。ほぼ完璧に近い英語教育。就学前から家庭でぜひ取り組んでほしいと思います。

家庭で絵本の読み聞かせをするならおすすめしたいのが、『ORT（Oxford Reading Tree）』シリーズ。ORTはイギリスのオックスフォード大学出版局が出している絵本シリーズで、イギリスの8割以上の小学校で教科書や副読本に採用されています。

ORT（Oxford Reading Tree）シリーズ

「読み聞かせといっても、英語の発音に自信がないし」という保護者も大丈夫。ORTにはCD、音声ファイル、なぞるだけでネイティブ英語が流れる音声ペンが用意されていますから、保護者もお子さんと一緒に読んで英語力を磨くとよいと思います。

ORTは全部で200話ほど。キッパー、ビフ、チップというわんぱく3兄弟と家族やペット、友達たちとの日常生活をユーモラスに描いています。1冊1話完結ですが、ストーリーはユルくつながっているので200話飽きずに読み進められます。

ステージ1から9までの10段階（ステージ1と2の間にステージ1+があるので10段階）でレベル分けがされています。段階ごとに文章の長さ、英単語や文法の難しさなどが決められていますから、英語力に合った最適の絵本が選べるというメリットがあります。たとえば、始めのステージ1は各話8ページで英単語ものべ100語程度ですが、ステージ9になると各話32ページで単語数はのべ8000語を超えます。

目安としては、ステージ1〜3が4〜5歳向け、ステージ4〜6が5〜6歳向け、ステージ7〜9が6〜7歳向けとなっていますが、これはあくまで英語が母国語のネイティブの基準。日本人なら中学生や高校生、場合によっては大学生や社会人まで対応できるでしょう。

ただ、英語の絵本は、購入しようとすると高価なのが難点。そこでおすすめしたいのは、スマートフォンやタブレットなどで使える英語の絵本の定額制読み放題アプリ。英語絵本のサブスクリプション（サブスク）です。

サブスクなら好きなだけ絵本の読み聞かせができます。しかもアプリは、テキストをネイティブが読み上げますから、リスニングとリーディングを正しく同時に行えます。

絵本のサブスクアプリのおすすめは「FarFaria」。2歳から9歳までの子ども向けの絵本の読み聞かせをしてくれます。おとぎ話や冒険ものといったジャンル別、そしてPRE - KINDERGARTEN（未就園児）レベルから細かくレベル別に選べるようになっており、インターフェースも子ども向けで使いやすく作られています。有料コンテンツ（1ヵ月600円）ですが、1日1冊までは無料で読めますので、一度試してみるとよいと思います。

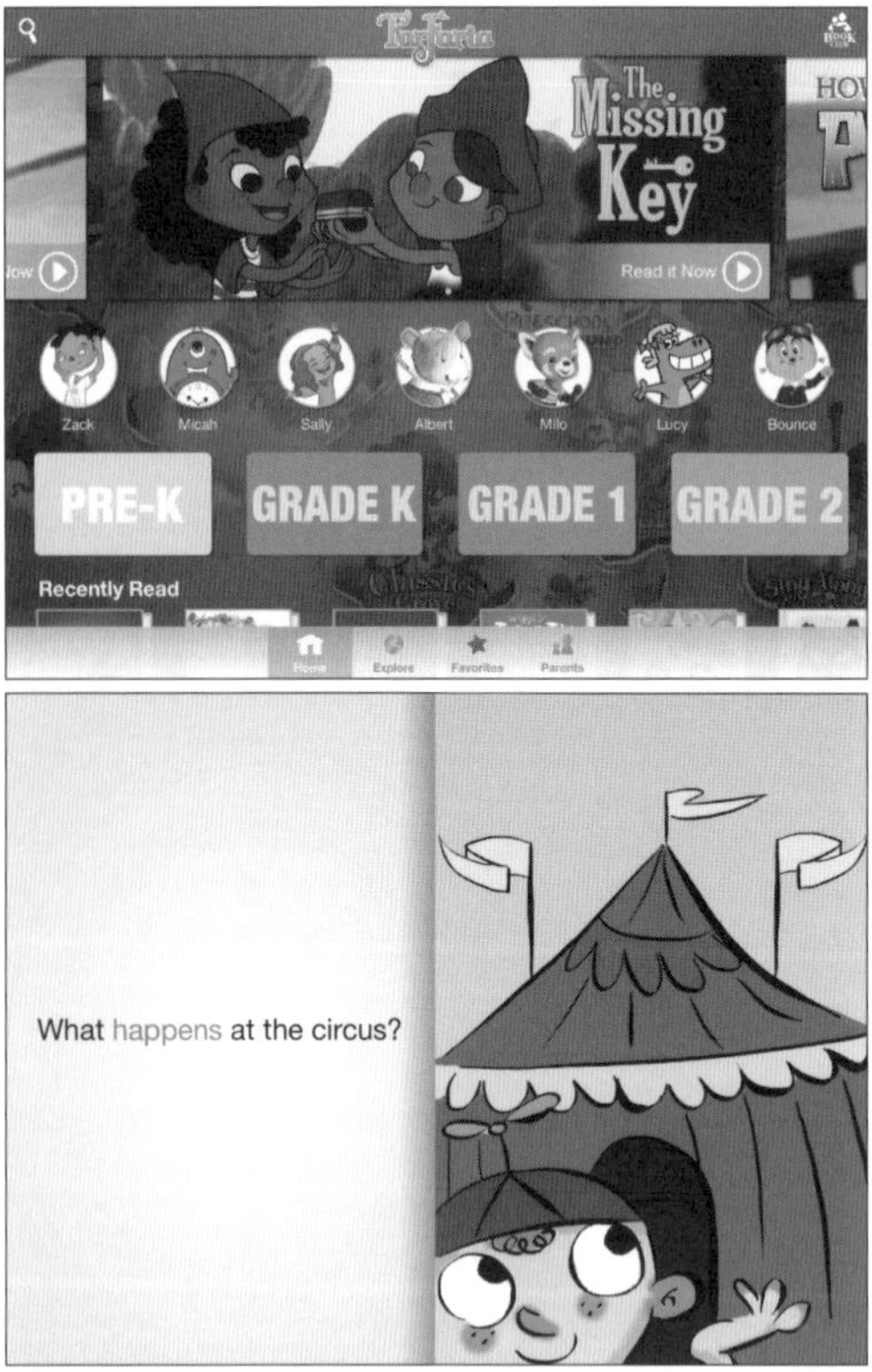

FarFaria

PRE-K（未就園児）、GRADE K（園児）など、細かくレベル別に選べるほか、子どもの興味に合わせてジャンル別にもお話を選べる。読み上げ中の単語がハイライト表示されるので、一緒に音読もしやすい。紙の本をめくるように画面上のページをめくることができて、子どもが読書の喜びを感じられるつくりになっている。

3つの黄金ルールで絵本の多読をより効果的に行う

ある程度リスニング力が身についた段階で、リーディングへ移行する手段として有効なのは、**絵本の多読**です。外国語大学でも、学生の英語力を高める手段として絵本の多読を用いるところが少なくありません。難しい英語の本を1冊苦労して読むより、やさしい英語の絵本を100冊読んだ方が英語力の向上に結びつきます。〝多読マジック〟です。

僕の勤務校のメディアセンター（図書館）にも、先ほどのORTをはじめ、英語の絵本が多数所蔵されています。授業で「こんな面白い英語の絵本があるよ」と僕が紹介すると、好奇心のスイッチがオンになった子どもたちはメディアセンターに行き、絵本を借りて猛烈な勢いで読み始めます。「うちの子の学校にはない」という方も大丈夫。公立の図書館にも英語の絵本を借りられるところはあります。

絵本を選ぶ際、僕は次の3つのルールを子どもに守ってもらいます。

ルール❶ **自分の好きなジャンルを選ぶ**

1つ目のルールは、自分が好きなジャンル、面白そうだと思う絵本を選ぶことです。動物好きなら動物が出てくるお話、冒険好きならアドベンチャー物、乗り物が好きならさまざまな乗り物が出てくる絵本……。**「英語を学ぶために読む」のではなく、「面白いから読む」というスタンスが重要**だからです。好きなことに没頭できるのは、子どもたちの特権。ゲラゲラと笑いながら、あるいはシクシクと泣きながら絵本を楽しみ、その世界観に没頭しているうちにいつの間にか英語力が高まるのが理想です。

ルール❷ **3ワードルール**

2つ目のルールは、僕が「3ワードルール」と呼んでいるものです。

面白そうだと思った絵本のページをパラパラとめくって〝味見〟をする際、**1ページに知らない英単語が3つ以上あったら、その子にとっては恐らく難しすぎる本**。もっとやさしい本を選ぶようにアドバイスします。

知らない英単語が1つ2つあっても、絵本は絵が付いていますから想像で補いながら読み進められます。しかし意味のわからない英単語が1ページに3つ以上あったら、絵のサポートがあっても内容が頭に入ってこないのです。僕は子どもたちに「わからない単語の意味は調べなくていいよ」と言っています。辞書を引くと途端に勉強っぽくなり、絵本の魔法が解けてしまうからです。

ルール3 読書記録ノートをつける

3つ目のルールは、読んだ絵本の記録と要約をすることです。

僕は子どもたちに絵本の読書ノートをつけてもらっています。そこに本に出てきた英単語の数、その子なりの評価（5段階評価でいくつかなど）、日本語での簡単な要約という3項目を書いてもらうのです。ある研究では、**たとえ日本語でも本の要約をすると英語が頭に入りやすい**、という結果が出ています。

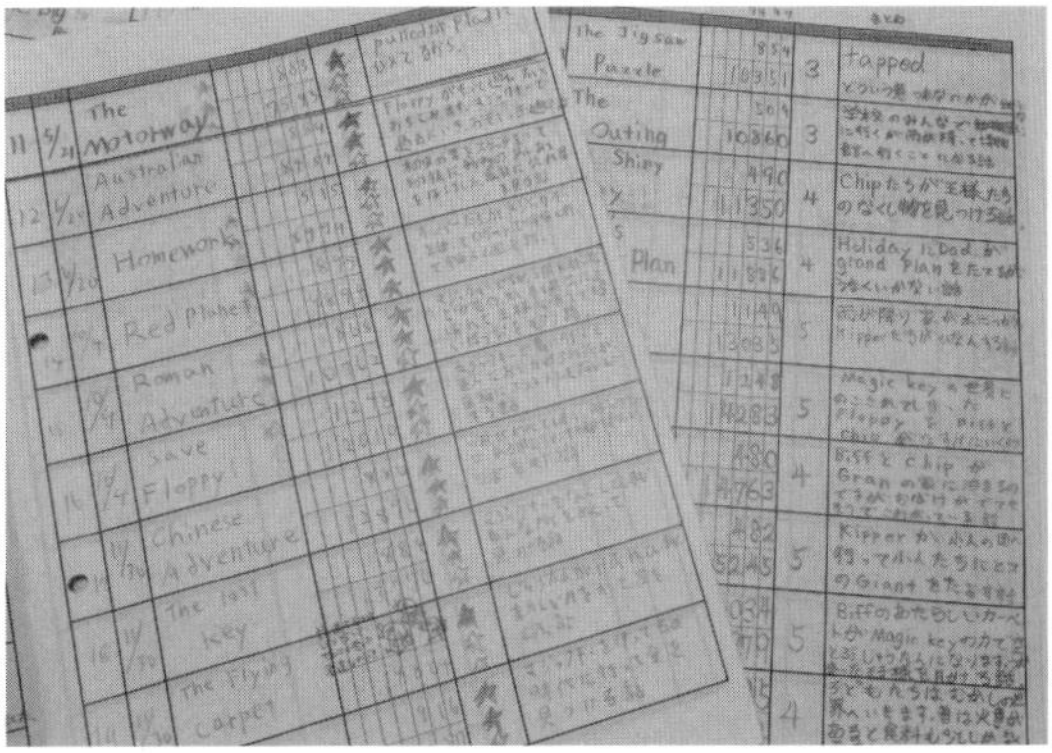

小6の子どもの読書ノート。タイトル、単語数（＋これまでの累計単語数）、評価、要約を書き込んでいる。

絵本の読書ノートをつけると、自分がどれだけ多くの絵本が読めたかが可視化できます。努力が〝見える化〟されると子どもの自信につながります。まだ字が書けない段階なら、「どんな話だった？」と聞いてあげるだけでも十分です。

子どもの世界に〝善魔〟で口を出さない

絵本の読み聞かせでも多読でも**大切なのは、子どもに子どもの頭で理解させること。子どもが聞いてもいないのに、よかれと思って「ここに書いてあるcloudって、どういう意味だと思う？」と横から口出ししないでほしいのです。**

教育上、よかれと思ってしたことが悪い結果を招くケースが得てしてあります。これを僕は自戒を込めて〝善魔〟と呼んでいます。

最初から悪気しかないのは悪魔ですが、悪気がない〝善魔〟の方が本人たちは悪いと自覚しにくいため、それだけやっかい。子どもの英語力を伸ばしたいと善意から「cloud

ってどういう意味？」と聞きたくなるのでしょうが、それでは絵本で英語の世界に没頭していた子どもを現実世界に引き戻してしまいます。

「cloudは雲という意味なのよ。主人公は雲の上を飛んでいるのよ」などと大人が日本語で説明するのは、余計な押しつけでしかありません。子ども自身が気にせず読んでいるのなら、邪魔せずその世界に浸らせてあげるのがベストです。

逆に子どもが「cloudってどういう意味？」と自分で聞いてきたら、「そんなの知らなくていいのよ」と拒絶せずに、「何のことだと思う？」と尋ねてください。「雲」という意味だと知らないままで子どもが読み終わってもそれでOK。子どもが頭のなかで、英語で理解していればいいのです。それができるのが絵本のビジュアルの力です。

頑張って自力で読み終わったら、「どんなお話だったの？　お母さんに教えてみて」と声をかけてあげてください。

子どもが喜んで内容を語ってくれたら、細かい間違いを指摘したりしないで、「それは面白そうね。じゃあ、ママも今度読んでみるね」と答えてあげましょう。

曖昧さに耐える能力を身につけさせよう

英語をはじめとする言語の習得で重要なのは、曖昧さに耐える能力だと言われています。これを英語で「Ambiguity Tolerance」と呼びます。曖昧さに耐える能力は、子どもの頃にとくに高まります。

曖昧さに耐える能力があると、文章を聞いたり読んだりしたときに、少しくらいわからない単語があっても前に進み、要点となる単語をつなぐだけでだいたい意味がわかるようになります。

曖昧さに耐える能力がないと、1つ聞き取れない単語があるだけで、後の英文が耳に入らなくなり、絵本もテキストもそれ以上読み進められなくなります。これでは単語を全部覚えるまでリスニングもリーディングも満足に進まず、英語力が一向に高まらないという不本意な結果を招きます。

僕が絵本を選ぶときに3ワードルールを定めたのは、知らない単語が2つくらいまでなら曖昧さに耐えて読んでもらいたいから。保護者に「cloudってどういう意味?」と口を出してもらいたくないのも、そうしているうちは曖昧さに耐える能力が育たないからです。

逆に言うと、**すべての単語を理解できなくてもリーディングを楽しめるのは、子どもならではの特権**といってもいいかもしれません。絵本であれば、絵が意味を補完してくれます。「うちの子には難しすぎるかしら」と保護者が勝手に判断せずに、お子さんの好奇心に任せてみるとよいと思います。

辞書は紙がよいか？電子でもよいか？

僕は授業のなかで英和辞書を使わせていません。わからない単語に出くわすたびに辞書を引くのではなく、曖昧さに耐えてリスニングとリーディングを続けて、前後の単語のつながりから意味を推測するようになってほしいからです。ただし、和英辞書は教室に置いています。授業で日本語を英語にして答える場面が多いためです。

といっても、これは小学生の英語初心者レベルの話で、中学生になると辞書は必要になります。保護者からもよく「辞書を与えるなら、やはり電子よりも紙がよいのでしょうか?」という質問を受けます。**これだけICTを活用している僕でも、答えは実は「紙の辞書」です。**

なぜかというと、子どもにはいっぱい「寄り道」をしてほしいから。電子辞書あるいはネット検索だと、わからない単語の意味を調べて、そこで終わりです。一方、紙の辞書だと、調べた単語の前後の単語にも目が移ります。その寄り道で、また新しい単語との出会いがあるのです。

Ａｍａｚｏｎなどのネット書店で買い物をすると、ほしい本を買って終わりですが、リアル書店だと、棚から棚へつい目が移ってしまいますよね。それと同じです。外出先でも手軽に調べられるなど電子辞書の良さももちろんある（紙の辞書と違い、音声と一緒に勉強できることは、電子辞書の最大のメリットです）のですが、寄り道によって得られる世界の豊かさを子どもたちに手放してほしくはないと思います。

ゼロから始める英単語学習法

豊かなアウトプットの前提となるインプットの土台をしっかり固めるために、絶対必要なのが、英単語の語彙を増やすことです。そこで英単語学習も、就学前からどんどん始めてほしいと思います。

絵本の多読がトップダウンによるインプットなら、英単語を覚えることはボトムアップによるインプットです。読めて意味がわかる英単語が増えると、3ワードルールに則してよりレベルの高い絵本が読め、相乗効果で英語力が高まります。

英単語の学習も家庭で行えます。ここではまず、ゼロから始める英単語学習についてご紹介しましょう。

英単語学習だからといって、「さあ！」と単語帳を開き、アルファベット順にAから覚えていくのはナンセンスです。日本の子どもだって、あいうえお順に言葉を習得したりはしませんよね。就学前のボトムアップでの英単語習得は、脳に定着しやすい次の5

つのステップで行うことをおすすめします。就学前は名詞だけで十分です。

ステップ1 英語と日本語の発音の違いに馴染《なじ》ませる

まずは、子どもでも知っているカタカナ英語の名詞から入って、同じ単語でも英語と日本語の発音は違う、ということを知ってもらいます。

たとえばバナナを食べるときに「banana」と英語の発音をして渡します。bananaは日本語では「バナナ」ですが、英語では「バナーナ」。tomatoは日本語では「トマト」

◉日本語と英語の発音の違いに馴染ませる単語の例

banana　orange　tomato
lettuce　chocolate
hamburger　ice cream
bed　table　bag　card
piano　JR　DVD

◉Google 翻訳

ですが、英語では「トメート」です（「トマート」でもＯＫ）。この他、ＪＲやＤＶＤといった子どもたちが知っている身近な英語にも、日本語と発音が違う名詞があります。同じ単語なのに読み方が違うと、子どもたちの興味と好奇心を引きます。

英語の発音に自信がない保護者は、Ｇｏｏｇｌｅ翻訳を活用しましょう。スマホやタブレットで英単語を入力し、マイクをタップすれば、すぐに正しい発音で聞けます。

ステップ２ 知っているものを英語で言い換える

次に、子どもたちが知っているものを英語で言い換えます。

英語の発音の面白さに興味を引かれてきたところで、どんなものにも呼応する英語があることをゲーム感覚で伝えていくのです。子どもが「これは？」と犬を指したら「dog」、「これは？」と自転車を指したら「bicycle」といった具合です。きっとお子さんも喜んでその単語を繰り返すでしょう。その際、保護者が教えたい単語を押し付けず、子どもが好きなものを優先させてあげてください。自分が好きなものを英語で言えた喜びが、英語学習に楽しんで取り組んでくれるベースとなるでしょう。

ステップ3 ジャンル別、カテゴリー別に覚える

ステップ3では、同じジャンル、カテゴリーに属している名詞をまとめて覚えます。

果物カテゴリーなら、リンゴは「apple」、イチゴは「strawberry」、スイカは

果物	apple strawberry watermelon grape peach lemon
昆虫	butterfly bee ant dragonfly ladybug beetle
乗り物	car bus train bicycle yacht airplane subway
身の回りの物	table chair sofa bed clock television

はじめてのずかん555 英語つき（講談社）

動物や食べ物、働く車など子どもの興味を引く物が、カテゴリー別に紹介されている写真図鑑。日本語と英語併記で、英単語学習に適している。

「ant」。リンゴとイチゴを別々に覚えようとすると時間がかかりますが、脳の構造上、同じジャンルやカテゴリーに属しているものをまとめて覚えると頭に入りやすいのです。

この段階以降は、カテゴリーごとに写真と英語が併記されている言葉の図鑑を使って覚えます。子ども向けに可愛《かわい》いイラストで図解されている図鑑もありますが、僕は現物を写真で掲載している本の方が子どもにとってわかりやすいと思います。

ステップ4 単語とビジュアルを一致させて覚える

ステップ4では、引き続いて図鑑を使います。

カラフルな果物が載っているページを開いたら、保護者が「watermelon」と発音して子どもにスイカを指差してもらいます。同じように昆虫のページを開いたら、「ant」と言ってアリを指差してもらいましょう。CD付きの図鑑もありますから、その音声を使ってもよいでしょう。

ステップ5 文章のなかで覚える

就学前はステップ4まででも十分ですが、子どもが楽しそうにしていたら最後のステップ5では自己表現、つまりアウトプットへ導いてあげましょう。図鑑で果物のページを開いたら、保護者が〝Which one do you like?〟と質問します。そして子どもにスイカを指差しながら〝Watermelon!〟と答えてもらうのです。

あるいは〝I eat a……〟に続いて〝watermelon!〟と答えてもらったり、〝I ride a……〟の後に〝bicycle!〟と答えてもらったりします。こうすると名詞に紐《ひも》づく形で動詞も覚えられます。

就学前に英単語をいくつ覚えるといった数値目標を立てる必要はありません。数値目標は頑張りや努力の糧になりますが、一方で楽しいとか好きといった前向きな感情を奪う可能性もあります。ここではまだ頑張りや努力は不要です。子どもに、「英語って楽しい！」「英語が好き！」と思ってもらうのが目標です。

「わかる」を「できる」に昇華させる最強の単語暗記トレーニング

就学後ももちろん、インプットを強化するため、引き続き単語学習を続けましょう。知っている単語のストックが多いほど、その後のアウトプットでの表現の幅は広がります。

僕の英語の授業も毎回、電子ホワイトボードに映した大量の単語リストを全員でリズムよく読み上げることからスタートします。単語を見ることによる目からのインプットと、読み上げることによる耳からのインプットによって記憶に定着させているのです。たとえば次ページのようなリストです。

ただ、第1章でも述べたように「わかる」と「できる」は違います。単語学習でも、「わかるレベル」で終わってしまっていると、いつまでも使えるようにはなりません。**「わかる」を「できる」に昇華させるトレーニングが必要。そのためには、覚えた単語を「使ってみる」ことが大事です**。まさに「英語は実技」なのです。

そこで単語帳を使ったトレーニングをご紹介します。

happy	sick	heavy	quiet	little
glad	sleepy	light	loud	strong
sad	sorry	dark	beautiful	weak
excited	surprised	thick	pretty	popular
fine	lucky	thin	cute	useful
angry	bad	cool	rich	dangerous
hot	good	warm	poor	scary
cold	great	fun	clean	free
interested	wonderful	funny	dirty	different
early	nice	interesting	fast	deep
late	kind	exciting	slow	real
busy	mean	important	soft	delicious
hungry	tall	famous	hard	enough
thirsty	short	high	difficult	the same
nervous	long	low	easy	
right	dry	new	bright	
wrong	wet	old	big	
full	expensive	young	large	
scared	cheap	noisy	small	

1. 単語帳で単語の意味を覚える。

2. 文脈のなかに組み込まれたもの（例文）を音読する。

こうすることで、カラダに単語をしみ込ませることができます。このとき、

1. 単語の意味は覚えた ⇓ 蛍光ペンでハイライト

2. アウトプットのなかで使えた ⇓ ハイライトの上から赤ペンで◯

と、単語帳に線を引くようにしましょう。

出る順で最短合格！
英検５級単熟語
（ジャパンタイムズ）
初級者の単語暗記には英検５級の単語集がおすすめ。例文が豊富でCD付きなので、音読練習にも適している。

単語の意味を覚えたら蛍光ペンを引き、文章としてアウトプットをして覚えられたら、さらに赤ペンで丸をつける。

「単語の勉強」にも「わかる」と「できる」の2段階があり、使えるレベルになるためには時間が少しかかります。この2段階を蛍光ペンと赤ペンで「見える化」するわけです。こうして学ぶと、単語がカラダに定着して使えるレベルになったかどうかに、つねに意識が向くようになります。

単語帳を選ぶときは、ABC順ではなく、頭に入りやすいよう図鑑と同じくジャンル別、カテゴリー別に整理されているものをチョイスしてください。単語だけではなく、例文があり、CD、アプリやダウンロードなどで音声データが使えるタイプを用意しましょう。英検向けの単語帳がポピュラーで使いやすいと思います。

音読は最強の英語学習法

「読む」「聞く」のインプット能力を上げる最強のトレーニング法。それが、音読です。

ICTがどんなに発達しても、音読ほど万能な学習法はないと僕は思います。

たとえば「comfortable」という単語を見たとします。そのとき僕たちは、無意識のうちに脳内で音読（音声化）しています。その音声化を経て、僕たちはcomfortableの意味を理解するようになっています。つまり、

文字を見る ⇓ 脳内で音声化 ⇓ 意味理解

というプロセスで僕たちは単語の意味を理解するのです。音声は関係ないように思えるリーディングでも、しっかりと脳内で活用されているわけです。そして、音読はこのプロセスを高速化することに貢献してくれます。たくさん音読をすると、リーディングの力が伸びるのはこのためです。

リーディングだけではなく、音読はリスニングの力を高めることも研究で明らかになっています。発音やリンキング（音のつながり）などを意識しながら行う音読は、確実にリスニングの力を伸ばしてくれます。

とはいえ、何となく音読を繰り返しているだけでは、効果的ではありません。では、

どのような音読がリーディングやリスニングの力を伸ばすことに効果的なのでしょうか。ここでは3つのポイントをご紹介します。

ポイント1　音読をする前に、評価者を見つける

たとえばcomfortableを「コンフォータブル」とカタカナ読みで音読しているのでは、いつまでたってもリスニングの力は伸びません。ですから、**「その英語の発音は間違っているぞ！」と訂正（フィードバック）をしてくれる先生を見つけることが**

カラオケ English

レベル別に教材があり、すべての例文にイラストと音声が付いているので、目と耳をフルに使って言葉の意味を捉えることができる。また、お手本を真似て音読した声を録音→お手本と比較→改善策を発見と、セルフでのフィードバックが得られる。

不可欠です。

「そんな存在は身近にいない」という人も大丈夫。「モデル音声を徹底的に真似る」という音読学習が、リスニング力をアップさせてくれるのです。83ページでご紹介した絵本アプリがおすすめなのはこの理由からです。絵本の英文をリーディングしながら、英語音声を真似て繰り返し音読することが、リスニング力をつけることにつながります。

英文音読を練習できるアプリもあるのでおすすめです。スマホでもパソコンでも利用できる『カラオケEnglish』は、すべての例文にイラストと音声が付いており、画面とテロップとお手本の音声を聞いてから、お手本を真似て繰り返し音読できます。

ポイント② 「i－1（アイ・マイナス・ワン）」で少しだけやさしいテキストを使う

音読は「わかる」を「できる」にする作業でもあります。先ほどもお話ししたように、「わかる」が「できる」になるまでは時差がありますから、「i＋1（アイ・プラス・ワン）」ではなく、「i－1（アイ・マイナス・ワン）」で**少しだけやさしく簡単なテキストを使うことをおすすめします**。

レベルのセレクトをしやすい絵本アプリを使うのもいいですし、中学1年なら小学校6年の教科書、中学2年なら中学1年の教科書を音読のテキストにしてみるのもいいと思います。

ポイント3 音読は「暗唱」することを目的にする

音読したら、次は文章を覚えてテキストを見なくても暗唱できるようにします。音読して終わり、ではなく、**暗唱できることをゴールにすると、目標が明確なので脳が活性化して集中力が高まり、インプットしやすくなります。**そうすると、脳が何も考えていない状態で行われる「空読み」を防ぐこともできます。せっかく音読しても「空読み」だと、英語の〝貯金〟につながらないのです。

英語の〝貯金〟が何に役立つかというと、他でもないスピーキングです。「主語が来たら、次はbe動詞で、次に名詞が来て……」などと、いちいち考えて話す人はいません。スピーキングとは、頭のなかにインプットされている英語の〝貯金〟をその都度引き出す作業なのです。

一方、**暗唱によって脳内に文章を増やすことは、アウトプットの引き出しを増やし、英語の〝貯金〟を増やす作業。**つまり、「音読 ⇓ 暗唱」によって、スピーキング力の育成にもつながるのです。

暗唱による〝貯金〟で、決まりきった定型文のパターンを大量に覚えておけば、あとはその一部を変えるだけで話せるようになります。これを「パターン・プラクティス」といいます。

簡単な例でいうと、〝I like apples.〟というパターンを覚えておけば、「apple」を「banana」や「cat」などに変えるだけで、自分の言いたいことを表現できます。僕たちが〝How are you?〟と話しかけられても誰も返答に困らないのは、〝I am fine. Thank you, and you?〟というパターン・プラクティスを何度も繰り返して〝貯金〟があるからです（この答えがよいかは別ですが……）。

僕だって英語の〝貯金〟がまったくない分野で、イチから英文を組み立てながら話すのは大変。ですから、いまだに英語の勉強を欠かさないのです。

ポイント4 覚えた文は、最後に書こう！

子どもが**覚えた文章は、最後にノートに書かせるようにしましょう。このときに大切なのは、「スペルは気にしない」ということです。**スペルを覚えることと、音読をすることは別のプロセスです。

ここで大切なのは、スペルよりも、単語が抜け落ちていないか、あるいは過剰ではないかをチェックすること。間違えたところは、理解が浅い部分だといえます。この方法は、お子さんのどこが弱点なのかを知ることができるので、おすすめです。完璧でなければ、「音読 ⇓ 書く」の活動に戻って、できるまで繰り返すようにします。

この**「音読 ⇓ 暗唱 ⇓ 書く」の学習を繰り返し行うことで、英語力は確実に伸びます**。あとは、英語を実際に活用する場面を作ることができれば、さらに飛躍的に力を伸ばすことができるでしょう。

発表会スタイルでスピーキング力を磨く

定型文のインプットができてきたら、アウトプットの練習も家庭でできます。おすすめは、テーマを決めての家庭内発表会です。

お子さんにたとえば「今日は、好きな果物について発表してください」とお題を出してみましょう。こんなふうに家族の前で発表をしてもらいます。

I like apples. This is my favorite fruit. Thank you.

これを乗り物にしたり、動物にしたりしてもよいでしょう。短文たった3文でよいので、堂々と発表できたら、拍手していっぱい褒めてあげましょう。これが自信につながり、もっともっと話せるようになりたい、という意欲につながるはずです。

他にも次ページのようなスピーチをしてもらいましょう。

◉短文３つでできる家庭内スピーチ

基本パターンは、１．事実　２．感想　３．次の希望／予定。この３つの文で発表してもらいましょう。

〈例１〉今日食べたもの

I ate curry and rice.
It was delicious.
I want to eat sushi tomorrow.

〈例２〉今日遊んだ（学校で学んだ）こと

I played catch ball.
It was fun.
I want to play soccer next time.

〈例３〉欲しいもの

I want to get a doll bear.
It is very cute.
I want to play with her.

〈例４〉今日頑張ったこと

I did my homework.
It was hard.
I like math.

〈例５〉私の好きな人

I like Ichiro.
He is cool.
I want to be a baseball player in the future.

映画で英語学習法

英語の勉強では、何を使って学ぶかというコンテンツの中身が鍵を握ります。**質が高く子どもの興味をくすぐるコンテンツほど子どもは夢中になり、英語力も向上します。**絵本だけではなく、ディズニー好きの女の子ならミッキーマウス、機関車トーマスが好きな男の子ならトーマスのアニメを英語で観ればいいのです。

僕自身、大学から大学院までは、マーベル映画『スパイダーマン』のDVDで英語を勉強していました。その頃は映画での英語教育を研究していましたし、『スパイダーマン』が大好きだったからです。

映画での英語学習でいちばん効果が高いのは英語音声・英語字幕ですが、いきなりチャレンジするのはハードルが高すぎます。映画での英語学習の効果的な方法をご紹介します。

ステップ①　日本語音声・日本語字幕で観る

まずは日本語音声・日本語字幕で観ます。意味がわからないと英語が脳にしみ込まないので、手始めにストーリーと内容をインプットするのです。

ステップ②　英語音声・日本語字幕で観る

続いて英語音声・日本語字幕で観ます。日本語の字幕で意味を確認しながら、英語のリスニングを行います。ステップ①を省略し、ステップ②から入っても問題ありません。

ステップ③　日本語音声・英語字幕で観る

その次は日本語音声・英語字幕で観ます。意外に思われるかもしれませんが、日本語の字幕があるとそちらばかりに目が行ってしまい、せっかくの英語音声が飛んでリスニングが行えなくなりがち。僕の体験を踏まえると、音声と字幕だと学習効果が高いのは字幕。だから英語字幕を読みながら、日本語の音声で意味を捉えるのです。

ステップ④　英語音声・英語字幕で観る

そして最後に英語音声・英語字幕で何度も繰り返して観ます。

僕は授業でも洋画を活用しています。ただし、僕の授業は日本語を使わないオールイングリッシュが基本なので、子ども（6年生）にはいきなり英語音声・英語字幕で観てもらいます。そこで、英語音声・英語字幕でも子どもたちにわかるような映画を選びます。

子どもたちに人気があり、英語の学習効果も高いと感じるのは、スティーヴン・スピルバーグ監督の『E.T.』。保護者の世代なら一度は観た経験がある名作ですが、何しろ40年近く前の作品なので、今の子どもたちには逆に新鮮なの

E.T.

©ジェネオン・ユニバーサル

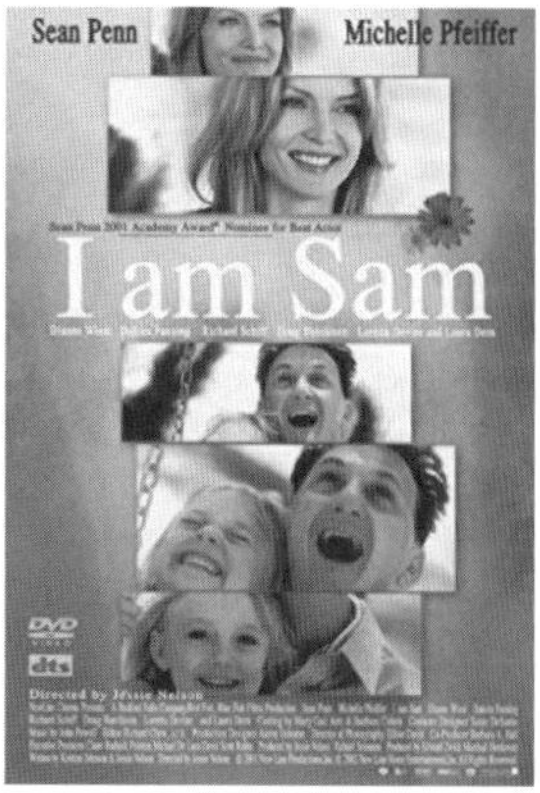

アイ・アム・サム

©ワーナー・ブラザース・ホームエンターテイメント

です。

映画としての面白さもさることながら、『E.T.』が英語教育向きなのは、平易な英語が使われているから。宇宙人のE.T.は英語ができないという設定ですから、主人公のエリオット少年は簡単な英語しか話しません。だから当然、子どもでもわかりやすいのです。

英語音声・英語字幕ですが、さすがに世代を超える名作ですから、子どもたちは夢中になって観てくれます。映画のラストで宇宙船がE.T.を迎えにきて、片言の英語が話せるようになったE.T.が〝I'll be right here.（僕はここにいるよ）〟と別れ言葉を言うと、「E.T.行かないで！」とボロボロと涙を流します。

ショーン・ペン主演の『アイ・アム・サム』も授業でよく使っています。ペンが演じるサムは知的障害で7歳の知能しかなく、スターバックスでアルバイトをしています。一人娘が7歳になって自分の知能を追い抜いたという設定なので、ダコタ・ファニング演じる愛娘はサムにやさしい英語で話しかけます。小学生にもわかりやすいですし、障害者問題や人権問題を英語で学んでもらう良い教材でもあります。

僕は映画を授業で使う際、1本を4回ほどに分割します。どこで分けるかが腕の見せ所。ストーリーが盛り上がったところで、あえて「はい、今日はここまで。続きは次回ね！」と中断します。子どもたちは「えーっ！」と残念そうな声を上げますが、その方が次回への期待が高まり、よりストーリーに引き込まれて英語に夢中になります。

お子さんがまだ小さくて、『E.T.』や『アイ・アム・サム』が難しいなら、子ども向けアニメでも十分です。この章の冒頭で触れたＹｏｕＴｕｂｅで観られる作品でもいいですし、Netflixで配信されているアニメでしたら、英語音声・英語字幕を選択できます。たとえば『THOMAS & FRIENDS（きかんしゃトーマス）』、『Curious George（おさるのジョージ）』、『PJ Masks（しゅつどう！パジャマスク）』など、子どもにも理解しやすい番組が見つかります。

中学生から英語を学んでも遅くはない

学習に長い時間がかかることを踏まえると、英語教育は早く始めるほど有利です。しかし本書の読者には、子どもがすでに旧カリキュラムで学んでおり、中学まで英語をまともに学んでこなかったという家庭もあるでしょう。では、従来のように中学から英語を始めるのは遅すぎるのでしょうか？

僕は中学から英語を学んでも決して遅くはないと思っています。学び直しという意味では大学生でも大人でもＯＫ。**英語に取り組むのに遅すぎることはないのです。**

４０００時間の原則以外にも、早期の英語教育が有利だとされる根拠があります。それが第二言語習得の「臨界期仮説」といわれるもの。臨界期と呼ばれる年齢を過ぎると母国語以外の第二言語習得が難しくなるという仮説です。さまざまな研究から臨界期は12歳前後だとする説が有力。**12歳までに第二言語をマスターしていなければ、ネイティブ並みのペラペラにはなれないのです。**

臨界期12歳説を盾にして中学で英語を始めるのは遅すぎるという主張もありますが、それも「英語ができる」のハードルが高すぎるため。

日本人からすると僕の英語はペラペラっぽく聞こえますが、ネイティブの人が聞いたら、上手だけど、ネイティブではない英語。ネイティブ並みに話せたらいいなと思いますが、そのために膨大な時間と労力を費やしてもアメリカ人やイギリス人とやっと同じスタートラインに立つだけの話です。であるならば、**ハードルを下げて英語はほどほどでも、自分にしかできない得意を磨くことに時間と労力を費やした方が人生の戦略としては正しい**と僕は思っています。

日本で活躍している外国人タレントは大勢いますが、彼らの日本語は流暢《りゅうちょう》でも日本人からしたら上手だけど、ネイティブではない日本語。それでも何も問題はありません。彼らは日本語が話せるというだけでなく、それ以外の得意分野があるからこそ、タレントとして活躍しているのです。

もう1つ付け加えると、中学まで英語をやっていない分だけ、その時間を何か他の分野に割り振っていたはず。ピアノなどの音楽やサッカーなどのスポーツに打ち込んでいれば、そこで養われた集中力が英語学習に活かせるというメリットがあります。

音楽やスポーツなどの分野で才能を発揮するには地道な練習が不可欠であり、1つのことに没頭する集中力が求められます。その高い集中力で臨めば、４０００時間未満でも英語がマスターできる可能性が高いのです。

サッカーの例でいうと、イタリアのセリエAやイングランドのプレミアリーグで活躍した中田英寿さんは、イタリア語も英語も流暢です。今も現役を貫いているゴールキーパーの川島永嗣選手は、英語、イタリア語、スペイン語、ポルトガル語は日常会話レベルなら話せるそうです。臨界期である12歳をはるかに超えてから始めて、外国語を２つも３つもマスターできるのは、スポーツで培った集中力の賜物《たまもの》でしょう。

英語学習のスタートが遅くなるほど、その間に培った自分の得意分野に絡めて英語が覚えられるというメリットもあります。中田さんも川島選手もサッカーに関しては僕以上に流暢に英語で語れるはずです。スポーツや音楽といった**自らの得意分野を突破口として、それに関連する形で英語を覚えるとより短時間で身につきやすいのです。**

CHAPTER 4

AI時代に輝く子どもの育て方

AI時代はすでに始まっています

ＡＩ時代を生きる子どもたちをどう育てたらいいのか。ＡＩ時代を生きる子どもたちに必要な力は何か？　これまで経験したことのない時代を迎えて、多くの保護者が不安を感じています。僕自身、学校の保護者会などに招かれて「ＡＩ時代の親の対応力」といったテーマで講演をさせていただく機会があります。

その際、最初にちょっとした動画を観てもらいます。そしてお父さん、お母さんには次のような問題意識を持って動画を観てくださいとお願いします。それは次の２点です。

・この動画を作ったのは一体誰でしょうか？
・これは何年後の未来でしょうか？

動画は次のような内容です。

自動運転のワゴンタクシーに乗り、装着したゴーグルでサッカーの試合の臨場感溢《あふ》れる映像を観ながら若い青年が田園地帯を旅しています。その田園地帯に住む高齢者夫妻宅では、夫はドローン（小型無人機）で果樹園に肥料を散布しており、妻は遠隔診療で都会の医師の診察を受けています。

やがて目的地に近づいた青年は、タクシーを降りて歩き始めます。

喉が渇いた彼は、見かけたお店にふらりと入ります。お店は無人。好きなものを選んだ彼は腕時計型の端末でキャッシュレス決済をしてからお店を出て、喉を潤し、さらに歩き続けます。

途中、青年は道に迷った外国人観光客に声を掛けられます。彼は先ほどの腕時計型の端末の自動通訳機を起動して観光客に道を教えます。

青年はようやく目的地に到着。迎えてくれたのは、さきほど遠隔診療を受けていた女性。彼は「おばあちゃん！」と語りかけます。そう。彼は祖父母のうちに向かっていたのです。

夕飯後、彼は祖父母にゴーグルを渡し、庭で照明と機材をセットアップ。そこには仕事でその場に来られなかった姉がリアルな映像で登場します。そして二人で祖父母に「金婚式、おめでとう！」とお祝いの言葉をかけます。

祖父母本人たちも忘れていた金婚式を祝うため、同じくその場にいないはずのバンドがバーチャルで登場。青年と姉もバンドに加わってお祝いの音楽を奏で始め、にぎやかで楽しい金婚式が始まりました。

種明かしをすると、この動画は総務省が次世代通信規格5Gの魅力をアピールするために作ったもの（YouTubeで「総務省　5G」と検索するとこの動画「Connect future～5Gでつながる世界」が観られます）。第1章で触れたように、5Gで何が実現できるかは問題発見能力次第ですが、**国は具体的にこうした未来予想図を描いており、それは教育や社会や暮らしを確実に変えていくでしょう。**

この動画を作ったのは「国です」というのが、最初の問いに対する答えです。

次の「これは何年後の未来でしょうか？」という問いに対する僕の答えは「これは現在です」というも

Connect future ～ 5G でつながる世界（総務省）

の。ビックリしましたか？

自動運転は実現化まであと一息のところまで来ています。部分的には実用化されているとも言えます。ドローンは農業分野で活用されていますし、インターネットを介した遠隔地医療も始まっています。

来店者が何を買ったかをセンサーで感知してレジを通す必要がない無人ＡＩコンビニは、「Ａｍａｚｏｎ Ｇｏ」としてアメリカの都市部で数店舗がオープンしています。無人ＡＩコンビニは中国にもあり、日本のコンビニでも実用化に向けた研究・実験が進んでいます。

外国人観光客に道案内ができるような自動翻訳機は今や実用レベルです。

遠い会場で行われているはずのサッカーの試合や、その場にいるはずのない姉やバンドがリアルに登場して金婚式を祝うシーンで使われているのは、ＭＲ（ミックスド・リアリティ）という技術です。これはＶＲ（バーチャル・リアリティ）の進化型であり、現実と仮想現実を一体化するテクノロジー。ＭＲ専用のゴーグルは1台20万円ほどとまだまだ高価ですが、市販されています。

おわかりでしょうか。ＡＩ時代はマスコミが作った絵空事でも遠い未来のお話でもなく、国が主体となって進めており、部分的には現実へと変わりつつあるのです。教師も保護者も、今後のＡＩ時代に相応《ふさわ》しい教育とは何かを考えなくてはならないということです。

満点も正解もない時代。大事なのは「新しい選択肢」を作れること

これも講演会でよくお話しする一種のクイズです。それは次のような問題です。

嵐の夜、他の車とまったく行き交わない山道をあなたは一人で小型車を運転して走っています。

しばらく走るとバス停があり、そこで3人がバスを待っていました。最終バスがまもなくやってくる時刻でしたが、あなたはそのバスが故障で運行を停止したことをラジオのニュースで知っています。

山奥でスマホは圏外なので、3人はまだバスが来ると思っています。忠告しようと車を止めてみてあなたはビックリします。

それは次のような人たちだったからです。

・危篤の老人（すぐに病院に運ばないと命に関わるような状況）
・理想の人（このチャンスを逃すと二度と出会えないようなタイプ）
・命の恩人（かつてあなたの命を救ってくれた人。何かの形で恩返しがしたかった）

小型車の後部座席には荷物が満載。運転手のあなた以外、助手席にあと一人しか乗せられません。あなたならどうしますか？

講演会で聴衆にこのクイズを出すと、半分くらいの人が「危篤の老人を乗せる」と答えます。次に多いのは「命の恩人」。数人ですが「理想の人」という答えもありますが、なかには「その他」という答えの方もいます。

そうなんです。僕はひと言も「三択です」と断っていないのに、こういう設問に出くわすと多くの方は、用意された回答から何か1つを選ばなければいけない、という発想をします。

僕の答えはこうです。車を降りて命の恩人に「すみません。この車に危篤の老人を乗せて近くの病院まで送り届けてください。事情を話して荷物を病院にいったん預かってもらい、また戻ってきてください」と頼みます。すると危篤の老人が救えますし、命の恩人にも徳を積んでもらえます。しかも、僕は理想の人と二人っきりになれるという寸法です。

これまでは、用意された選択肢から正しい答えが選べる人材が重宝されました。想定内の出来事しか起こらない世の中なら、指示通りに動く指示待ち族を思い通りに動かした方が企業も都合がよかったのです。そのために、**つねに正解は1つで、それを詰め込む教育が行われてきました。**

AI時代は違います。変化が激しく、想定外の出来事が次から次へと起こります。この時代に求められるのは、選択肢そのものを自分で作り出せる人材です。

新しい選択肢を作り出せる人材とは、既存の正解に疑問を持ち、自ら問いを立てられる人間。与えられた正解を覚えて満点を取ればＯＫ、という保護者の既成概念は、いつしか子どもに伝わり、子どもの成長のチャンスを奪ってしまいます。子どもが「こういう方法もあるよ」と自由な発想をしたときに、積極的に認めてあげられる家庭が必要なのです。

AI時代に求められるのは、疑問を持つ力＝好奇心

ＡＩとロボットの組み合わせで、僕たちの社会と暮らしは大きく変わるとされています。そうしたニュースを毎日のように見聞きするうち、子どもたちの将来に漠然とした不安を覚える保護者もいらっしゃるでしょう。

でも、何も心配はありません。むしろ**僕はＡＩ時代は子どもたちにとって明るい未来を開いてくれると楽観しています**。

ＡＩは２０２０年に人間の知能（ＩＱ）を凌駕《りょうが》すると予測されています。ソフトバンクは２０１８年にＡＩはすでに人間のＩＱを超えたと指摘しています。２０４０年には、ネット上や自動車などのＩＯＴ（モノのインターネット）につながるＡＩの数が人間の人口を追い越し、ＩＱは1万に達すると予測されています。

ギネスブックに「世界一ＩＱが高い女性」と認定されたアメリカ人コラムニストのマリリン・ボス・サバントはＩＱ２２８とされています。現在のコンピュータの原型を作

り、〝悪魔の頭脳を持つ男〟と言われた物理学者のジョン・フォン・ノイマンのＩＱでも、推定３００。あと20年もすると、もっとも頭の良い人間の何百倍も賢いＡＩ群が、僕らのまわりを埋め尽くすのです。

このＡＩは、人間が不便を感じたり、苦労をしたりしている分野から浸透し始めています。

意外と知られていませんが、現在ＡＩがもっとも活用されているのは農業分野です。広い農地を維持・管理するのは大変ですが、同時に日本の農業は高齢化、人手不足、後継者不足に悩まされています。そこで引っ張りダコなのが、ＡＩとドローンの組み合わせ。総務省の動画のようにＡＩがドローンの飛行をコントロールし、作柄や害虫の発生状況を把握して、害虫が発生したところだけに農薬を散布したり、生育の悪いところに集中して肥料を散布したりする試みが行われています。ＡＩ×ドローンによるピンポイント農薬散布テクノロジーで、九州３県で栽培された「スマート米」は２０１８年から販売されています。

農業以外でも今後、自動車や電子部品などの製造業、コンビニエンスストアなどのサービス業などにもＡＩとロボットは浸透するでしょう。

不便や苦労はＡＩにお任せするとして、人間の仕事として最後に残されるのは何でしょうか？

苦労の多い問題解決をＡＩが担ってくれる時代、残されるのは僕たち人間が楽しいと思える仕事です。つまり、好きなことを仕事にする時代がやってくるのです。

問題解決が得意な**AIには決してできないことがあります。それはゼロから「なぜ？」という問いを立てること。それが何度も触れている問題発見能力であり、言い換えるなら好奇心を持つことです。**

好きなことを仕事にするために必要なものこそ、好奇心です。ＡＩが活躍する時代、大事になるのは、人間らしい想像力であり、それを育んでくれる好奇心。**自分のやるべきことを与えられた選択肢から選ぶ時代は終わったのですから、好奇心なくして自分の居場所は作れません。**

つまりＡＩ時代を迎えた今、子どもの好奇心と想像力を育てることが、保護者の大切な役割になるのです。そのためには、保護者自身がいろいろなモノに興味を持って新しいチャレンジを続けながら、子どもにもさまざまな体験をさせてあげることが必要な時代なのです。

ICTは時間と距離の壁をなくしました。イギリスの大英博物館やアメリカのメトロポリタン美術館などでは、VR技術を応用して展示物が目の前で見られるような臨場感溢れるサービスを開始しています。飛行機に乗ってわざわざ見に行かなくても、日本の学校や家にいながらにして、海外の名作が目の前にあるかのように鑑賞できるようになったのはICT技術のおかげ。**けれど、ICTに決定的に欠けているのは、実際のモノに直接触るというリアルな体験です。**

VR技術やMR技術で植物園の植物を見ても、葉っぱの手触りや匂いはわかりません。自然のなかで植物に触れ合うからこそ、リアルな体験として頭のなかに情報がインプットされます。そして「同じように見えるのに、なぜこの植物とあの植物の葉っぱの手触りが違うの？」といった疑問が次から次へと湧き上がります。こうしたリアルな体験が、子どもの好奇心と想像力を育ててくれるのです。

普段、家で勉強やゲームばかりしている子どもを、休日に散歩や旅行、キャンプなどに連れ出してあげましょう。お弁当を持って近所の公園に出かけて自然と触れ合うだけでも、子どもの好奇心は刺激されて、「なぜ？」という疑問を持つきっかけとなると思います。

AI時代、「レアキャラ化」が必要になる

ＡＩ時代でもう１つ大事なのが、その人だけの他の人とは違う魅力をどれだけ持っているか。それを個性と呼びます。ＡＩ時代になると、**AIやロボットにはない人間的な魅力に紐づいてビジネスが興り、お金が動くようになる**からです。

２０１４年、ＡＩを研究するイギリス・オックスフォード大学のマイケル・Ａ・オズボーン准教授は、10～20年でＡＩに取って代わられる仕事のリストを公表しました。オズボーン准教授によると、アメリカ労働省のデータから７００種以上の仕事を分析した結果、10～20年でアメリカの総雇用者の約47％の仕事が自動化されるリスクが高いという結論に達したそうです。

ＡＩに取って代わられる仕事には、タクシー運転手、銀行の窓口係、保険営業員、コールセンターのオペレーター、モデルなどが挙げられます。

タクシー運転手を例に取りましょう。自動運転技術が進化して、目的地に正確かつ安

◉ AIに代わられる主な仕事

電話営業員	タクシー運転手
手縫い裁縫師	法律事務所の事務員、秘書
不動産ブローカー	レジ係
税務申告書作成者	クレジットカードの審査員
経理担当者	小売り営業員
データ入力者	医療事務員
保険契約の審査員	モデル
不動産仲介業者	コールセンターのオペレーター
ローン審査員	飛び込み営業員
銀行窓口係	保険営業員

◉ 生き残る主な仕事

ソーシャルワーカー	小学校の先生
聴覚訓練士	心理カウンセラー
作業療法士	人事マネージャー
口腔外科医	コンピュータシステムアナリスト
内科医	学芸員
栄養士	看護師
外科医	聖職者
振付師	マーケティング責任者
セールスエンジニア	経営者

＊英オックスフォード大学、マイケル・A・オズボーン准教授の論文「未来の雇用」で示された職種からの抜粋。

全に送り届ける技術が確立したら、タクシーは無人化するでしょう。

それでもタクシー運転手の需要がゼロになるわけではないと思います。ただ移動するならＡＩタクシーで十分ですが、「飛行場までの移動時間は長い。せっかくなら馴染みの正頭君が運転するタクシーで、楽しく会話しながらすごしたい」という新しいニーズが生まれてくるからです。その際、**大事になるのが、その人だけの人間的な魅力**。

僕が授業でＡＩに取って代わられる仕事の話をすると、ある男子が「先生、プロの料理人は生き残れますか？」という質問をしてきました。彼は実家が料理店で、料理人になって家業を継ごうと考えているようでした。

オズボーン准教授のＡＩに取って代わられる職業リストに料理人は入っていませんが、回転寿司はロボットが握っていますし、中国では注文から調理、配膳、会計までをすべてＡＩとロボットがこなすロボットレストランが人気を集めています。ハンバーガーや牛丼といったファストフードは、近い将来大半が自動化されるでしょう。

それでも僕は「プロの料理人はきっとなくならないと思うよ」とその子に答えました。ＡＩの握る寿司ではなく、「この職人さんの寿司でなくては」と思う人たちは必ずいるはずだからです。僕は「『〇〇さんの作った料理が食べたい！』と思われるような料理人になれるように頑張ろうね」と、その子に伝えました。

人間的な魅力をいかに高めるか。その**キーワードは「レアキャラ化」です。**ダイヤモンドに高い価値があるのは希少（レア）だから。人間的な魅力も、同じようにレアキャラであるほど価値が出てきます。

教育改革者の一人である藤原和博さんは、100万人に一人のレアキャラになるには、100人に一人レベルの得意分野を3つ持てばよいとおっしゃっています。僕もその考え方に賛成です。

1つの分野で100万人に一人の存在になるのは大変です。そこを目指すのではなく、100人に一人の得意分野が3つ持てたら、100×100×100＝100万人に一人のレアキャラになれるのです。僕はこれを「2流の柱を3本持つ」と表現しています。

僕自身、国内外から講演に呼ばれるようになったのは、英語×ICT×ファシリテーター（講演や会議の進行・調整役）という3つの分野で「そこそこの実力」を持っているから。僕よりも英語が上手な先生は大勢いますし、ICTに関してもファシリテーションに関してもそれは同じです。けれど、この3つがそこそこ得意な人はレアなので、周囲から僕は評価していただいているのだと思います。

キーワードは「時間」。大切なのは「やめる勇気」

子どもの可能性は無限大です。どんな分野で才能が開花するかわかりませんから、運動、音楽、アートなど、子どもにいろいろな習い事にチャレンジさせている保護者は多いでしょう。

どんな習い事もやってみないとその良さや楽しさはわかりません。冒頭でお話しした「コーラの味」の喩えの通りです。子どもに多様な体験をさせるのは素晴らしいことです。ただ同時に、「やめる勇気」も大切だと僕は思っています。

日本には〝石の上にも三年〟という諺《ことわざ》があります。忍耐強く粘ったら、いつかは報われるという意味ですが、この金言は時代に即していません。なぜなら時代のキーワードは「時間」だからです。〝石の上にも三年〟で3年も同じことを繰り返していると、その間に時代が変わって3年間の努力が水泡に帰すことも普通にありえる時代です。

お子さんが習い事を「もうやめたい」と言ってきたら、「一度始めたことをすぐ投げ出すんじゃない。せっかく頑張ってきたんだから続けなさい」と諭す保護者は多いと思います。けれど**今の時代、「投げ出さないこと」は必ずしも美徳ではないのです**。

イチローさんは、小学校6年生のときの夢がメジャーリーガーでした。サッカーの本田圭佑選手は小学校の卒業作文で「世界一のサッカー選手になる。ヨーロッパのセリエAに入り、レギュラーになって10番をつけて活躍する」と記しています。二人とも諦めずに努力を続けて夢を叶えました。けれど、同じような夢を抱いても、叶えられなかった人は何十万、何百万人といいます。

子どもたちの潜在能力は無限大ですが、時間は有限です。

ICTの発展で省力化と効率化が進んだ結果、膨大な時間が生まれました。その時間を何に使うかが子どもたちの未来を決定付けます。全体の自由時間は増えるのですが、それでも有限であることに変わりはありません。

AIやロボットが進化するほど前述のように人間らしい個性が重視されます。その個性を育むのが子ども時代の学び。**何に時間を投資するかが問われます**。

諦めないで続けるのもある種の美学ですが、その美学に子どもの人生を殉じさせてよいのでしょうか。子どもが飽きて「やめたい」と訴えているのに「一度始めたら、途中で投げ出すな」とやめさせなかったら、無駄かもしれないことに子どもの貴重な時間を浪費する恐れだってあります。それ以上無理に続けても、子どもが飽きているとモチベーションが下がり、上達も望めなくなります。

僕が小学校の頃にやっていた習い事は、習字でした。ずっとやめたいと思っていたのに、親に「せっかく始めたのだから」と諭されて卒業まで6年間続けました。せっかく親に月謝を払ってもらっていたのに、学び方が悪かったのか、6年間続けてもたいして字はうまくなりませんでした。その時間を別の何かに使っていたら、もっと得るものがあったのではと思えてなりません。

習い事も部活も、続けてやり遂げた時点で美談になりがちですが、果たしてそれでいいのでしょうか。**時間は有限ですから、何かをやめない限り、新しいことには踏み出せません。現代には学びの機会は無数にあり、選択肢は山のようにあります。子どもが何かにチャレンジして「やめたい」と言ったら、次の何かにチャレンジする機会を与えてあげるのも、1つの方法だと思います。**そして１００人に一人の得意分野を、１つ、２つ、３つと増やして１００万人に一人のレアキャラに育ててあげてください。

人間的な魅力を育てる3つの出会い

ならば、人間的な魅力は、どのように育めばよいのでしょうか。

僕は人の魅力を育む土壌となるものは3つあると思っています。


1つ目は、**人との出会い**です。何よりも人は人と出会うことで変わり続けます。

僕が魅力的な教師になれているとしたら、それはこれまで多くの魅力的な先生たちの教えを受けてきたからです。そもそも教師になるという決断をしたのも、彼らから「先生」という仕事の素晴らしさを教えていただいたから。最終的に決断を下したのは僕自身ですが、自ら決めたようでまわりに決断させられた側面もあります。もしもいい起業家に多く出会っていたら起業家になっていたかもしれません。いい警察官に大勢巡り合っていたら、警察官になっていたことだって考えられます。

子どもをサッカー選手にしたいなら、サッカー選手と出会えるチャンスを作ってあげるのがいちばんです。できる人と触れ合う機会が多ければ多いほど、できるという気持ちになれます。スポーツの世界ではそれは「バニスター効果」と言われています。

かつて１マイル（約１・６km）を４分未満で走ることは無理だと考えられていました。エベレスト登頂や南極点到達よりも難しいとさえ言われていたのです。しかし、オックスフォード大学医学部の学生ロジャー・バニスターさんは科学的なトレーニングを重ねて、世界で初めて４分の壁を破ります。するとその１年後には一気に５人もの選手が、雪崩を打つように１マイル４分の壁を破ったのです（現在の世界記録は３分43秒13）。

日本の陸上界でも、男子１００メートルで１９９８年に伊東浩司さんが10秒00の日本記録を出してから20年近くその記録は更新されませんでした。ところが、２０１７年に桐生祥秀選手が９秒98で日本人初の９秒台をマークすると、２０１９年にはサニブラウン・アブデル・ハキーム選手、小池祐貴選手がそれに続きました。

できる人との触れ合いを増やすために、ときにはホームパーティを開き、ママ友やパパ友の知り合いを連れてきてもらうのも一案。研究者、パイロット、画家、料理研究家、ＤＪのように、子どもが触れ合った経験がないような人が遊びに来てくれるかもしれません。**違う種類の大人に出会うと子どもは大いなる刺激を受けます。**

多種多様な人と出会って刺激をもらう意味でも、英語を学ぶ価値があります。日本語しか話せない日本人だけではなく、英語を話す外国人とも積極的に交流できるようになり、人間的な魅力を広げる足がかりになりえるからです。ホームパーティに外国人の友達が来てくれて英語で会話できたら、ちょっとした留学気分だって味わえます。

何も偉人に会わなければいけない、ということはありません。

今日の僕は、明日の自分にまだ出会っていません。古代ギリシャの哲学者ヘラクレイトスは〝万物は流転する〟として「誰も同じ川に二度入ることはできない」という言葉を残しました。**保護者が新しいチャレンジを続けて日々成長すれば、子どもは毎日新しいお父さん、お母さんに出会えます。それだって新しい出会いとなり、成長につながるのです。**

2つ目に子どもを成長させるのは**本との出会い**です。

授業で子どもたちに「どんな人に会いたいですか?」と尋ねると、多くの子どもたちは「成功した人!」と答えます。ワクワクするような成功の秘密を知りたいのです。

けれどイチローさんや孫正義さんのような成功者を教室に呼ぶのは困難です。ましてスティーブ・ジョブズさんや本田宗一郎さんのように死んでしまった人に会うのは不可能。けれど、成功者が書いた本や成功者について書かれた本はいくらでも読めます。だから子どもが本を読みたくなるような環境を作りましょう。「本を読みなさい」と強制しても、子どもは読みません。**保護者自身が熱心に本を読んでいる姿を見せることが、読書好きの子どもを育てていくのだと思います**。

成功者の一生を綴《つづ》った本には、その人の一生分の知恵と体験のエッセンスが詰め込まれています。それに触れることで、子どもたちは貴重な学びを得るでしょう。

そして読書には、問題発見に欠かせない想像力を養う力もあります。

たとえば小説に「二人が客船で迎える最初の朝がやってきた。窓を開けてバルコニーに出ると、そこにはアンダマン海の素晴らしい景色が広がっていた」という文章があるとします。

映画ならバルコニーから映した海の映像が流れて終わりですが、小説だと自分でシーンを想像しながら読み進めなくてはなりません。それがＡＩ時代で重要視される、人間らしい想像力を育んでくれるのです。

３つ目は、**非日常との出会い**です。子どもにとっての非日常とは、家と学校や塾の往復では触れ合わないことの体験です。

学校がなぜ修学旅行をするかというと、非日常体験を味わってもらうため。教師としての本音を言うと、思わぬトラブルに巻き込まれることも考えられますし、修学旅行にはリスクしかありません。できるならやめたいくらいですが、そのリスクを冒しても非日常を味わうリターンの方が大きいので、入念な打ち合わせをしたうえで出かけているのです。

非日常を味わう体験型学習は、学校では修学旅行や運動会などの行事がメイン。それに対して**家庭では非日常体験を作る試みがもっと簡単かつ日常的にできます。逆説的な言い方ですが、非日常は日常の近くにあります。**遠くまで旅行に出かけなくても、少し遠回りして帰ったり、いつもとは違ったスーパーマーケットに買い物に出かけたりするだけでも、感受性が豊かな子どもたちは非日常を体験します。遠回りの途中で見つけた小さな祠《ほこら》の由来を調べるうちに歴史への興味がむくむくと湧くかもしれません。いつものスーパーではなく、魚屋さんに立ち寄って珍しい魚を目にすれば、生物学への興味がかき立てられるかもしれないのです。

「何を語るか」ではなく、「誰が語るか」

AI時代に必要とされる人間的な魅力は、「誰でも言えることではなく、その人だけのストーリーを語れるか」でもあります。

僕の授業では、卒業直前に子どもたちが英語でスピーチをします。選ばれた子どもだけがスピーチするのではありません。120名の卒業生全員がスピーチするのです。

スピーチの準備で何よりも大切なのは、何を語るかという内容を決めること。その内容は子どもが自分で決めますが、たとえば「英語ができたら、それが世の中の役に立つと思います」といった内容は原案作成の段階で僕が却下します。

英語がどう役立つかという一般論は誰にでも語れます。**一般論ではなくその子どもにしか語れない血の通ったストーリーをスピーチしてほしいのです。**何事も自分ごとになると真剣になりますから、スピーチにも熱が入ります。

プランを練る際、僕は子どもたちに次のような決まりごとを守ってもらいます。

・人生でいちばん印象に残ったことをテーマにしよう。
・その印象に残ったことから得た学びを2つから3つにまとめて話そう。

自分にしか語れないテーマについて考えをまとめてもらうと、原案作成の段階から涙を流す子どもも大勢います。「大好きだったおじいちゃんが死んでしまった」とか「仲の良い友達と大げんかしてしまった」といった琴線に触れる思い出が蘇《よみがえ》るのです。日本語での作文なら書きながら考えられますが、英語を学んできたといっても小学校6年生が英語で書きながら考えるのは困難。英語だと100個のアイデアがあっても、書けるのはせいぜい10個です。

第一段階では思いついたアイデアをすべて紙に書き出します。これを僕は「母数を広げる作業」と呼んでいます。母数が多いほど、豊かなストーリーができあがります。それから関連しているアイデア同士を線で結び、少しずつ全体像を作り上げます。これはマッピングと呼ばれる作業です。

マッピングまで終わったら、「ここは面白くないから思い切って削った方がいいね」とか「ここはポイントだからもっと膨らませた方がいいかもよ」といった話し合いを重ね、原案をブラッシュアップします。日本語でストーリーががっちり固まったら英語に直して、スピーチの練習を重ねて本番を迎えます。

スピーチに取りかかる前に僕は子どもたちとの次のようなやり取りを通して、自分自身で語る大切さをわかってもらいます。

「先生が今ここで『バットで素振りをしなさい』と言ったら、みんなはしますか?」

「しな〜い。だって先生は英語の先生だもん」

「だよね。でもさ、イチローさんがガラガラガラと扉を開けて教室に入ってきて『素振りをしてみてごらん』と言ったら、どうする?」

「絶対するする!」

「そうでしょ。先生とイチローさんは同じことを言っているのに、みんなの受け止め方は全然違うよね。『何を語るか』ではなく『誰が語るか』が大事なんだよ」

子どもたちが苦労して英語にしたスピーチ原稿を、僕がペラペラと話しても価値はありません。ましてAIがしゃべっても誰の心にも響かない。**自分にしか紡げないストーリーを自身で語れる力こそ、AI時代には大きな価値となるのです。**

覚えることをゴールにした教育は終わります

ＡＩ時代の学力は、テストの点数で測るようなものではありません。テストは、教師の語った内容、教科書に書いてあることをどれだけ覚えているかを確認するためのもの。今後の教育にそんな暗記のための暗記は不要。**テストの点数をゴールとする教育はもう終わりです。教育のトレンドは「知識」から「経験」に移っているのです。**

何か疑問が湧いたら大人はどうしますか？　パソコンやスマホを開いてＧｏｏｇｌｅで検索しますよね。教師だって授業の準備ではＧｏｏｇｌｅを活用します。パソコンやスマホが身近にあり、Ｗｉ-Ｆｉなどを介してインターネットに常時接続されている時代に、**ググったらすぐにわかる内容を苦労して暗記する必要はありません。**もっと他の学びに時間を割くべきでしょう。暗記の必要性はゼロではありませんが、昔のように暗記を絶対視する時代は終わっています。

僕が社会科の授業をするなら、「縄文時代は紀元前1万4000年から紀元前4世紀」「弥生時代は紀元前4世紀から紀元後3世紀」と機械的に覚えるのではなく、「縄文時代と弥生時代、どちらに住みたいか考えてみよう！」という課題を子どもたちに出します。

子どもたちは縄文派と弥生派に分かれて、それぞれがどういう暮らしをしていたかを徹底的に調べます。ググるだけでもかなりの情報は集まるでしょう。「1週間後になぜその時代がよいかを互いにディベートをしよう！」と声をかけると、比べるために縄文派は弥生時代を、弥生派は縄文時代を調べるでしょうから、縄文派と弥生派のどちらに与《くみ》しても理解は深まります。その過程で時代区分は当然頭に刻み込まれます。

今後はこのように行動を通して知識を得る体験型学習が増えていくでしょう。家庭でも、子どもたちに機会を捉えてさまざまな体験をさせてあげてほしいと思います。

求められるのは未来に備えるスキル

テストの点数や暗記で測られるのではないとしたら、ＡＩ時代の学力とは、どのように測られるのでしょうか。「問題発見能力」と「行動力」以外の分野をチェックしておきましょう。

子どもたちがこのグローバル時代、ＡＩ時代を生き抜いていくために求められる力として、２０１８年、日本マイクロソフトが定義したのが**「フューチャー　レディ　スキル（未来に備えるスキル）」**です。それは次の６つの能力で、教育関係者が現場での教育目標として使える各スキルのルーブリック（学習到達度を示す評価基準）も公表されています。

◉ Future-ready skills（フューチャー　レディ　スキル）

①**議論しあう力**：プレゼン力を発揮し、自分の意見を効果的に伝えられる。外国語を駆

使して、国際的で多様性に満ちた場面で活躍できる（対話的な学び、情報活用能力、英語4技能、協働的な学び）。

②**協働しあう力**：任意のメンバーとの共同制作や協働作業を実行できる。メンバーと協働で創発しあうことで、短時間にプロジェクトを遂行できる（協働的な学び、対話的な学び、情報活用能力）。

③**疑問を逃さない思考性**：論理的思考を用いて、レポートや論文を文書や表などを使って作成できる。聴衆の反応や理解度をICTで分析しながら、ファシリテート（著者注・会議やミーティングなどでの合意形成を促す行動）できる（論理的思考力、情報社会に参画する態度、協働的な学び）。

④**創造性**：創造力に基づいて、映像・画像、3Dの制作物を自由に制作できる（協働的な学び）。

⑤**好奇心**：遠隔地・海外にいる多様なメンバーとでも、好奇心を発揮して、協働で作業できる（対話的な学び、情報活用能力）。

⑥**計算論的思考**：大量のデータを分析し、グラフ化するなどして、エビデンスに基づいた説明ができる。プログラム言語と思考を駆使して、論理的な制作物を試行錯誤しながら完成できる（プログラミング、情報活用能力、情報社会に参画する態度）。

いかがでしょうか。この6つの能力は暗記のみで身につくでしょうか？　あるいは、テストで高い点数を取るための授業で身につくでしょうか？　答えはNOです。けれど、これからの時代、確実に必要となっていくスキルです。

未来に備えるスキルを身につけるためにこれからもっと活用されるのがICTであり、体験を通じて学ぼうという態度。その一例となるのが、今回GTPトップ10へのノミネートのきっかけとなった『マインクラフト』を活用した授業だったりするのです。

恥ずかしがり屋や引っ込み思案タイプは行動を変えてあげる

未来に備えるスキルで重要視されるのが、仲間と協力して物事を進める能力です。①の「議論しあう力」、②の「協働しあう力」にあたります。**「協働的」であることは、これからの時代のキーワード。なぜなら、AI時代であっても、どんな仕事も一人では達成できないからです。**コミュニケーションやチームワークを通してプロジェクトを進める能力が求められる傾向は、作業の中身が高度で複雑になるほど高まります。
そこでつまずきかねないのは、他者と積極的に関わるのが苦手な恥ずかしがり屋や、引っ込み思案タイプ。恥ずかしがり屋は失敗を恐れるため英語が伸びにくいという話をしましたが、そのままだと協働しあう力も高まりにくいのです。

恥ずかしがり屋や引っ込み思案は性格。性格だから変えられないと思いがちですが、性格は変えられなくても行動は変えられます。「恥ずかしがり屋だけれど、失敗を恐れない」という行動もアリですし、「引っ込み思案だけれど、授業中には自分から手を挙げる」という行動もアリなのです。

新学期を迎えた新・小学校6年生には新しい雰囲気に馴染めず、肩の力が抜けない子どももいます。恥ずかしがり屋や引っ込み思案なタイプにはその傾向が強く見受けられます。

僕は性格ではなく行動を変えるためにこんな試みをします。
子どもにはいちばん近くの同級生とペアを作り、1分間自由に話し合ってもらいます。1分たったら「この間、二人は5対5の割合で話し合いができましたか？　できたペアは手を挙げてください！」と声をかけます。

しかし、対等な量を話せたペアはごく少数。結局はより外向的で積極的なタイプが話の主導権を握ってしまい、恥ずかしがり屋や引っ込み思案タイプは曖昧な相槌《あいづち》を打つだけで対等な会話のキャッチボールが成立しにくいのです。

そこで僕は「話し合いなのだから、5対5で話すのが基本でしょ。そうなるように意識してまた1分間話し合いをしてください」とアドバイスします。

それでも話さない子どもが無口なままなら、主導権を握っているより外向的で積極的なタイプに「相手に何か質問をしてみなさい」と水を向けます。ゼロからだと発言できない恥ずかしがり屋や引っ込み思案タイプでも、自分のことを聞かれると話せるものです。**家庭でもお子さんにどんどん質問して、「話したいこと」を引き出してあげるとよいと思います**（第5章で後述します）。

恥ずかしがり屋や引っ込み思案なタイプの「話す」「話さない」という行動は人間関係に影響される部分もあります。

外向的で積極的なタイプは誰とでも親しく会話が交わせますが、そうでないと、ママとは話せるけれどパパとは話せない（またはその逆）とか、親しい友達とは話せるけれど親しくない同級生とは話せない、といったことが起こりえます。

恥ずかしがり屋や引っ込み思案なタイプには一人っ子が多く、関わっている大人が少ない傾向が見受けられます。だとしたら、子どもがいろいろなタイプの人たちと触れ合う機会を作ってあげましょう。

家族ぐるみのお付き合いをしている間柄でホームパーティやキャンプを企画してみると、子どもは学校の同級生とは違うタイプの人たちと出会えます。

大人が笑顔でお酒を酌み交わして温かい雰囲気が醸し出されると、初対面でも子どもたちは案外仲良くできるもの。**同級生と違ってまったくしがらみのない人間関係なら、活発に会話を交わしたり、一緒になって料理の準備や後片付けのお手伝いができたりするかもしれません。それが行動を変えるきっかけの1つになるでしょう。**

子どもの環境に、バリエーションを持たせるのも1つの方法です。恥ずかしがり屋や引っ込み思案なタイプには、話しやすい環境とそうでない環境があるのです。

自宅で保護者が「今日、学校で何があったの?」と尋ねても、「別に」とそっけない対応なのに、愛犬の散歩に出かけた際に同じ質問をしてみると「実はこんな事件があって……」と打ち明け話をするかもしれません。

触れ合う人や置かれた環境を変えてやることが、恥ずかしがり屋や引っ込み思案なタイプの行動を変えることを可能にします。それが、協働に相応しい能力を育むチャンスにつながるはずです。

家庭で伸ばせる3つのスキル

未来に備えるスキルのうち、**家庭でも積極的に伸ばせるのは「疑問を逃さない思考性」「創造性」「好奇心」という3つの能力**です。

やるべきことは簡単です。**子どもが発した疑問の答えを知っていても、すぐに教えないことです**。

子どもはつねに「何で?」「どうして?」という疑問を発しています。それを保護者が一緒になって調べて考えてあげることで「疑問を逃さない思考性」や「好奇心」に、それらがやがて「創造性」へとつながります。答えをすぐに教えてあげて「お父さんは物知りでスゴい」という尊敬の念が一瞬得られたとしても、疑問を逃さない力は育ちにくいのです。

共に調べる際に大事なのは、Ｇｏｏｇｌｅ検索だけで済ませないこと。ぜひ「疑問を持つなんてエラいね。図書館で調べてみようか？」と子どもを誘い、図鑑や百科事典などを活用して調べてみましょう。ググると正解は一発で見つかりますが、大事なのは答えそのものではないからです。

図鑑や百科事典などで調べ物をしているうちに別の項目が気になり、寄り道をしているうちに連鎖反応で疑問が疑問を呼びます。そうして子どもたちは、疑問や好奇心を抱いて世の中を眺めるようになるのです。

さて、寄り道をしながら親子で答えに辿り着いたら、子どもには「どうしてそうなるか、お父さん、お母さんに教えて？」と頼んでみましょう。子どもは喜んで教えてくれます。**人に教える、説明するというプロセスで学びは強化されます。**人から何かを教えられても、あるいはネットや書物で学んだとしても、翌日にはその90％以上を忘れているそうです。しかし、教えや学びを他人に説明するプロセスを経ると学力として定着しやすいのです。

どんな疑問を持ったか。それに対してどんな答えを導いたのか。幼い子どもは書くこ

とが苦手ですから、保護者が記録してください。疑問を逃さない力を〝見える化〟して、子どもに「スゴいね」「エラいね」と声に出してどんどん褒めてあげましょう。

CHAPTER 5

AI時代に求められる親の対応力を磨く

学歴の価値は下がります。でも、勉強の価値は上がります

昭和から平成までいわゆる「学歴社会」は続きましたが、令和以降、学歴の価値は下がり続けるでしょう。**他人にない自由な発想で問題を発見できたり、新しい選択肢が作り出せたりする人間が求められるようになると、どんな大学で学んだかよりも、「あなたはどんな人間なのか」が問われるからです。**

といっても、「学歴不要＝勉強が不要」と早合点するのは、「学歴＝勉強ができる」という学歴社会の発想にまだとらわれている証拠。勉強は学歴を高めるためにするものではないからです。

これまで勉強に励んでテストで高い点数を取り、高い偏差値を叩《たた》き出すことを求める教育が国をあげて行われてきました。その偏差値で合格できる、もっともランクの高い大学に行くのが常道でした。

その時代は終わり、他人と比べて得られる偏差値ではなく、自分の「やりたいこと」で大学を選ぶ時代を迎えました。そのために「やっておくべきこと」の1つとして勉強

は欠かせないのです。

大学を選ぶ際には、「iPS細胞の研究がしたいから、山中伸弥教授がいる京都大学に行きたい」という発想も出てきます。そのために高校生のうちから生物学を学ぶのは決して「京大卒」というネームバリューが欲しいからではありません。

この先は大学へ行かないという選択をする子どもが増えるでしょう。

ビル・ゲイツさんはハーバード大学在学中にマイクロソフトを立ち上げました。マーク・ザッカーバーグさんも同じくハーバード大学在学中にFacebookを起業し、その後中退しています。日本でも大学生でベンチャー企業を立ち上げるケースは増えてきましたが、今後は高校で起業して大学へ進まないという人も普通に出てくるでしょう。そういう起業家たちの評価は、大学を出ていない、という理由で下がったりはしないのです。

かといっていわゆる名門大学に行くメリットがないわけではありません。学歴を求めて名門大学に行く時代はおしまいですが、名門には名門ならではの学びがあります。

東京大学や京都大学、ハーバード大学やオックスフォード大学などの国内外の名門大学には優れた教授陣が勢揃《せいぞろ》いしており、優秀な学生たちが集まっています。そこでは教授や同級生と触れ合っているうちに〝個〟としての底力と人間的な魅力が磨かれます。
また、大学時代の交流を通じて培った人脈は、得難い生涯の財産となります。

「やりたいことがない」を変える3ステップ

偏差値基準で大学を選ぶ時代が終わり、**これからの大学選びは、自分の「やりたいこと」が叶えられて〝個〟の力がいかに磨かれるか、という視点になっていきます。**

ところが「子どもが『やりたいこと』がないと言うので困っています」という保護者の嘆きの声を耳にすることもあります。

「やりたいこと」とは、言い換えると「好きなこと」。ならば、人はどのようなきっかけで何かを好きになり、それが「やりたいこと」に変わるのでしょうか。僕はそれには次の3つのステップがあると思います。

・ステップ1　目の前のことにチャレンジする。
・ステップ2　それに没頭する。
・ステップ3　それを継続する。

チャレンジ ⇓ 没頭 ⇓ 継続を経ると、それが最終的に自分の「好きなこと」であり「やりたいこと」に変わります。

大人は人生経験を積んでいますから、自らの嗜好《しこう》や好みを踏まえて「好きなこと」や「やりたいこと」がだいたいわかっています。だからこそ、その予定調和から出る冒険をしてみる試みも忘れてはならないのです。

それに対して子どもには何事も初体験ですから、何が自分の「好きなこと」で「やりたいこと」なのかがはっきりわからなくて当然。ゆえにとりあえず身近なものをやってみる姿勢が求められます。

幼児がアンパンマンのテレビを観るのが好きなのは、テレビをいつも観ているうちにアンパンマンが好きになったから。始めからアンパンマンが好きでテレビを観るようになったわけではないのです。それと同じです。

経験豊かな大人たちは「それには興味がない」「自分には合わない」と決めつけて食

わず嫌いになる傾向があります。大人は自分の「好きなこと」から、続けられる何かを探し出そうとするのです。

しかし、子どもたちのプロセスはまるで逆。**続けられるものが「好きなこと」になり、「やりたいこと」に変わるのです。**その違いを理解しましょう。

僕自身、大学までは子どもに教える仕事は「好きなこと」の範疇《はんちゅう》ではありませんでした。嫌いと決めつけるほど詳しく知らなかったので、深く学んでみようと思って大学院へ進み、その魅力にハマってしまったのです。教壇に立ったら、もっとハマりました。大人でもそういうことがありえるのです。ましてポテンシャルのかたまりである子どもたちは、何がきっかけで「好きなこと」や「やりたいこと」が見つかるかわかりません。

保護者がお子さんにできるのは、勉強、習い事、スポーツ、読書、旅行、美術館・博物館巡りなどの選択肢をなるべく多く提示して、そこからチャレンジ ⇓ 没頭 ⇓ 継続の3ステップで「好きなこと」が見つかる機会を作ること。没頭も継続もできないものは、第4章でも述べたように、やめさせる勇気を持ち、次のチャレンジをするチャンスを作ってあげましょう。

子どもと「つながるチャンス」をたくさん作る

日本語にも英語にも答えのない質問があります。それを「ルールだから」とか「昔から決まっているから」と答えるのが、僕はあまり好きではありません。

「どうしてIの次はisじゃなくてamなの?」というやっかいな質問には素直に「先生もわからない。一緒に調べようか」と答えるようにしています。

子どもが発する答えのない質問は、子どもとつながる絶好のチャンス。それを無駄にしないようにしましょう。些細《ささい》なことでも子どもと共に取り組むことこそが、子どもの成長につながります。

「一緒に調べようか」ではなく、「先生が調べておくよ」と答えてその場を収めて、結果だけを翌朝プリントアウトして渡すのは、決して親切とは言えません。子どもが「先生、覚えていてくれたんだ。ありがとう。優しい」と感謝してくれたとしても、子どもとつながるチャンスを逃してしまっているからです。

子どもが放課後、「家の鍵、なくしちゃった」と職員室に泣きながらやってきたら、「学校の落とし物センターに連絡してみようか」ではなく「先生と探そうか」と声をかけて励まします。さらに「Ａ君は３階を探してみて。先生は１階を探してみるから」と役割分担をするのではなく、あえてＡ君と二人で探します。

鍵を見つけ出すという目的を達成するには、二人で手分けした方が明らかに効率的です。しかし二人で鍵を探すというプロセスの方が子どもと確実につながります。

こうしたつながりを僕が大切にしているのは、「英語、頑張りなさいよ」といった何気ない声かけも、それを「誰が言うか」が肝心だからです。どんな言葉も「誰が言うか」が大切なのは、第４章でもお話しした通りです。

非常勤で英語だけを教えにきていて子どもと接する時間が短い教師と、僕のように担任を持って子どもとつながりを築いている教師とでは、「英語、頑張りなさいよ」と言われたときの反応がまるで異なります。子どもたちは「正頭先生が言うなら、やってみようかな」と思ってくれるのです。

僕はＧＴＰトップ10に選出していただきましたが、だからといって知らない小学校をふらりと訪れて初日から最高の英語の授業ができると自惚《うぬぼ》れてはいません。教育では、「何を言うか」よりも、それを「誰が言うか」の方が大事な局面の方が多いからです。

その点、保護者には、子どもとつながるチャンスが山ほどあります。「子どもが全然言うことを聞かない」と嘆く前に、子どもとつながりを作る努力がどれだけできたかを振り返ってください。つながりが少ないと気づいたら、子どもが答えのない質問をしてきたときも、面倒がらずに一緒に調べて考えてあげてください。できたら、図書館で調べ物をしたり、美術館や博物館に足を運んだりして、行動を通して知識を得る体験をたくさんさせてあげるとよいでしょう。

「あなたのために言っているのよ」はNG

うちで勉強をサボってゲームばかりしている子どもや、宿題に手をつけずにスマホで漫画を読んでばかりいる子どもがいるとします。

そんなときお父さん、お母さんはどんな声かけをしますか？　ひょっとして次のような言葉をかけていないでしょうか？

「宿題をしないとダメでしょ。お母さんはあなたのために言っているのよ」

小学校低学年までだったら素直に従う子どももいるかもしれません。ただし小学校高学年になって知恵がつくと次のように言い返すようになります。

「だったら僕が諦めたらいいんでしょ！」

「僕は別に勉強できなくてもいいから！」

そう返答されたら二の句が継げません。「あなたのために言っている」のだとしたら、本人が諦めてそれでいいと思った瞬間、勉強をする理由がなくなります。

「あなたのために言っているのよ」という言葉は、子どものことを思いやっているようでいて、実は何も意味してはいないのです。「お母さんの気持ちもわかってよ！」という自分メッセージにすぎません。だから、「諦めたらいいんでしょ！」と反論されたら終わりなのです。

そしてもう1つこの言葉が正しくない理由があります。それは、勉強は本来「自分自身のために」するものではないからです。

僕は、**勉強とは本来、自分以外の誰かを助けるためにするものだと捉えています。**そう考えると、目の前の小さな欲望に負けて勉強をサボってしまったら、助けられたかもしれない誰かを助けられない、ということになります。

人は誰でも一人では生きていけません。他の誰かを助けたいという利他的で協働的な行動を選ぶのは、人間の遺伝子に刷り込まれた本能のようなもの。子どもたちも「勉強は誰かを助けるためにするんだよ」と言うと納得してくれます。

この考え方を僕に教えてくれたのは、福澤諭吉の『学問のすゝめ』です。『学問のすゝめ』は、冒頭の「『天は人の上に人を造らず人の下に人を造らず』と言えり」という一節であまりに有名ですよね。ところがその先を読んでみると、次のようなことが書かれています。

人は平等に造られているはずですが、現実には賢い人、愚かな人、貧しい人、富んでいる人がいます。その違いは「学ぶと学ばざる」の違いで生じていると諭吉先生は説きます。だからより平等な社会を作るためにもっと勉強しようと言っているのです。

子どもたちが自由に勉強できる環境が整っているのは、ありがたいこと。冒頭のケニアのピーター先生の活動が教えてくれるように、今でもアフリカの国々では子どもが貴重な労働力であることも多く、学校に行くことすらままならない子どもが大勢います。

彼らは勉強して誰かを助けたいと願ったとしても叶いません。誰かを助けるために勉強できるという環境は恵まれているのです。

勉強は誰かを助けるためにするものだとしたら、大人になったら学びをやめていいという理屈は通りません。まずは保護者自身が学び続けている姿を子どもに見せましょう。語学でもICTスキルでも何でもいいのです。

保護者がお子さんをいつも気にして見ているように、お子さんも保護者を気にして見ています。保護者が勉強に打ち込む姿を見たお子さんはやがて「勉強しなさい」と口を酸っぱくして言わなくても、黙って勉強するようになるでしょう。

欧米では大学を出て社会人になって働き始めてから、再び大学や大学院で学び直して自らのキャリア形成に役立てるのが当たり前になっています。これは「リカレント教育」と呼ばれています。一方、横並びの新卒一括採用が長年行われてきた日本では、リカレント教育を実行するのが難しい状況がありました。

2017年のOECD（経済協力開発機構）の調査によると、OECD諸国のリカレント教育の実施率は平均11％。イギリスは15％、アメリカは14％に達していたのに、日本は加盟国36ヵ国の最下位の2・4％に沈んでいます。つまり、**日本は大人があまり勉強しない国なのです。**

この状況を変えるために2017年には政府がリカレント教育の拡充と財源投入を明

言。日本でも学び直しがしやすい環境が整ってきました。子どもに頑張ってほしいなら、大人が頑張っている姿を見せてあげるのが近道です。もちろん、習い事のような簡単なスタートで十分です。

「何のために勉強するの?」と聞かれたら

「何のために勉強するの?」というのは、僕の経験上、子どもたちが学校でもっとも頻繁にする質問です。それに対する僕の答えは、先ほども述べたように「いつか誰かを助けるため」です。

それでも「算数でどうやって人が助けられるの?」とか「社会を勉強したら一体誰が助けられるの?」といった質問が矢継ぎ早に浴びせられます。みなさんも子どもの頃、「この勉強が、一体将来何の役に立つのだろう?」という素朴な疑問を抱いたことはあったのではないでしょうか。この疑問は放置せずに、真剣に答えてあげましょう。

大人は無駄がなく効率的なことを好みます。でも、効率がいい、効率が悪いという発想は仕事には当てはまっても、勉強や人生には必ずしも当てはまりません。とくに子どものうちは、効率を考える必要はありません。

子どもの勉強で大事なのは、そのスピードや効率ではなく、学びのプロセスでどんな良い景色を見られたか。子どもの頃を思い返してみてください。先生が「ここは重要だから覚えておけ」と言ったことはケロッと忘れていても、合間の雑談が妙に印象に残っていたりしませんか？　一見効率が悪くて無駄に思える事柄が将来、何かの役に立つ場面も少なくないのです。

無駄の必要性を子どもたちにわかってもらうために、僕が使っている喩え話は次のようなものです。

床に30㎝幅の空想上のレッドカーペットを敷き、その上をまっすぐ歩くというゲームをします。普通

同じ30㎝幅の道でも、床の上の道と、左右が断崖絶壁の道では、前に進むにあたっての不安や恐れがまったく違う。

は誰でも難なく30㎝幅のカーペットから外れずに歩けます。

次はカーペットを敷いた30㎝幅以外は断崖絶壁で、一歩でも踏み外すと奈落の底に転げ落ちる状況をイメージします。そう考えただけで途端に怖くなって足がすくみます。恐怖に打ち勝って歩き始めても、どこかで気分が揺らいで足が止まる瞬間がいつか来るでしょう。

おわかりですよね。30㎝幅のレッドカーペットを安心してまっすぐ歩くには、30㎝幅のカーペットだけでは不十分。それよりも地面に十分な広がりがあり、多少フラフラしても、奈落の底に落ちないという安心感があるからこそ自由に振る舞えるのです。

僕は、学びとは、歩くレッドカーペットの幅を左右に少しずつ広げ、断崖絶壁に落ちる心配をなくす作業だと思っています。**将来何の役に立つかわからず、今は無駄に思える事柄を学ぶことが、知識と経験のみならず、人間としての幅を広げて自信を持って前に進む支えとなっていきます**。その行動は新たな問題を見つける力を育むと同時に、誰かを助ける道へと連なっていくのです。

子ども時代の無駄の必要性を、子ども自身だけでなく、大人たちにも知っておいてほしいと思います。

結果ではなく過程、成功ではなく努力を褒める

子どもの自己肯定感を高めましょう。そのためには小さな成功体験を積み重ねさせて、成功して達成したときは、とにかく褒めて、やればできるという自信をつけてあげましょう。――そんな主張をよく見聞きします。

本当にそうでしょうか。僕は必ずしもそうではないと考えています。**目を向けるべきは、成功ではなく、それに至る過程でどの程度努力したか**、だと思うからです。

成功と努力という2つの軸で見ると次の4つの象限があります。

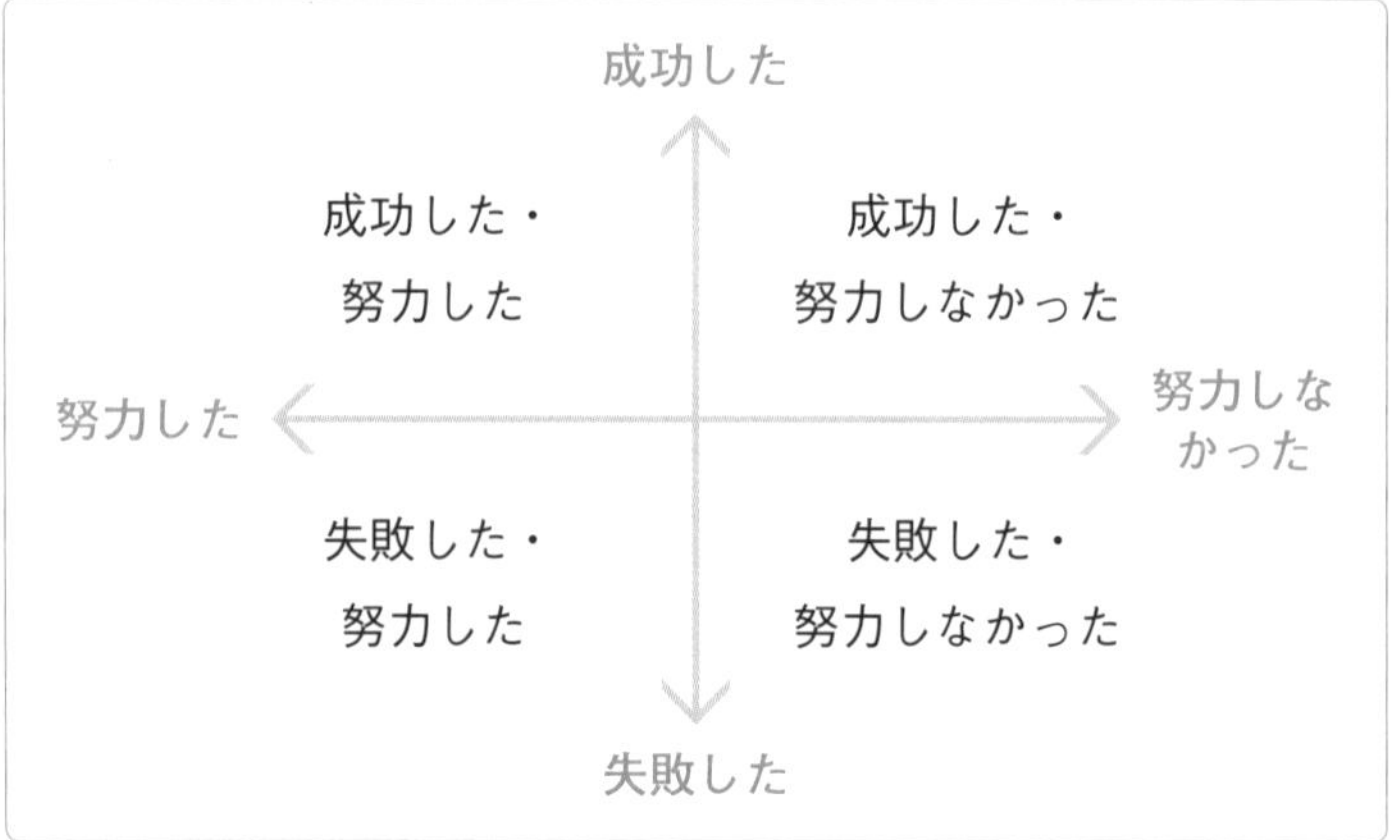

成功したときは無条件で褒めると決めると、

努力しなかったのに成功した子どもも褒めることになります。それでは子どもが調子に乗るだけ。保護者に褒められすぎて努力しなくなった子どもたちを僕は山のように見てきました。

地頭が良くて器用な子どもには努力をしなくても、成果が出せるタイプがいます。そんなタイプは「オレはもうできる。親にも先生にも褒められたし、もうやらなくていい」と勘違いします。その時期はそれでよくても、レベルが上がると努力の習慣がないため太刀打ちできなくなり、地頭や器用さのみでは対抗できなくなるのです。

大事なのは、成功したか失敗したかという結果ではなく、そのための努力をどの程度したか、です。

ある研究では、本を1時間読んだら褒めると決めたグループと、テストである点数以上を取ったら褒めると決めたグループに分けて成績の伸び具合を比べたところ、本を1時間読んだら褒めると決めたグループの方が、成績の伸びがよくなっていたそうです。つまり、**「結果」よりも「過程」を認める方が、子どもは成長することができたのです。**これは、僕の教師としての感覚とも一致しています

成功という結果で褒めると何がいけないのか。理由は2つあります。

1つ目の理由は、**失敗を恐れるあまり、良い結果が出そうなものにしかチャレンジしなくなるからです**。失敗は問題を発見する希少な体験であり、「わかる」を「できる」にスイッチするにも失敗が不可欠。子どもが失敗を怖がるようになったらマイナスです。

2つ目の理由は、負けず嫌いの子どもに育つから。**人よりも良い点数を取りたいという競争心ばかり育ってしまうのです**。

この2つはリンクしています。究極の負けず嫌いは、新たなチャレンジを恐れるのです。チャレンジしないことが失敗しない唯一の方法であり、負けない唯一の方法。だから究極の負けず嫌いは挑戦を放棄するのです。

それでは、努力せずに失敗した場合は、どうすればいいでしょうか。このときこそ叱った方がよいでしょう。子どもも自分が悪いとわかっていますから、それで落ち込むことはありません。叱ったらやる気が落ちるという主張は、教育をあまりに単純化しすぎています。

努力して成功した場合は、頑張りを褒めてあげます。それは自信につながり、自己肯定感が高まり、次も精一杯努力しようという好循環を生み出します。

でも、**いちばん褒めないといけないのは、努力したのに失敗したときです。子どもを伸ばしたいと思ったら、努力した事実を褒めてあげましょう。**努力した結果、テストの点数が悪かったとしても、保護者は叱らずにニコニコしていてください。すると、子どもは**「失敗してもいいんだ」と安心して、どんどん新しいチャレンジをするようになります。それが問題発見能力を高めて、いずれ「わかる」を「できる」に変えるのです。**

そこで「あんなに頑張ったのに、なんでこんな点数しか取れないの！」と叱るのは最悪。子どもは、残念な結果に終わって落ち込んでいるのですから、こういうときこそ褒めて褒めて褒め倒してあげたいのです。「毎日よく頑張ったね」「これで終わりじゃない。がっかりすることないよ」「点数より大事なものがあるよ」と笑って明るく声をかけましょう。

成功か失敗かという結果はテストの点数などで数値化できます。でも、頑張りというプロセスは数値化できません。いつも保護者が近くで見てあげないと、誰も評価してくれないものなのです。努力のプロセスを見ていないのに、テストの点数だけで褒めたり、叱ったりしても、子どものやる気は高まりません。努力のプロセスを褒めてあげることでこそ、「ちゃんと見てくれているんだ」という喜びがあり、子どものやる気も自己肯定感も高まるのです。

“見える化”で、子どもの自己肯定感を高める

保護者のなかには「うちの子どもが学校でご迷惑をかけていませんでしょうか?」という心配を口にする方もいます。

こういう言葉を口にする保護者は、子どもを「いい」か「悪い」か、ではなく、「悪い」か「悪くない」か、で判断しているように思います。どうしても子どもをネガティブに見てしまっているのです。「いいところがないか」ではなく、「悪いところがないか」を探そうとしていると、子どもの努力や変化を見落とす恐れがあります。

保護者に「お子さんのどんなところが見たいですか?」と僕が質問すると、多くの方は「頑張っている姿が見たいです」と答えます。これが本音なのだと思います。

自信がない子どもは往々にして「褒められ下手」です。「褒められ下手」とは、褒められているのに、褒められていることを自覚していないことを意味しています。そして面白いのは、子どもは、自己肯定感が低いから褒められ下手なのではなく、褒められ下手だから自己肯定感が低い、という事実です。

自己肯定感は高ければいい、というものでもありませんが、低すぎると自信を持って新しいチャレンジがしにくくなります。

子どもを褒めて自己肯定感を高めてあげる方法として有効なのは、**褒めたいことの可視化。〝見える化〟です。**

僕は褒めたいことを可視化する際は、**子どもたちの良いところ、頑張ったところを具体的に書き出して手渡しします。**使うのはいつも赤ペン。科学的な根拠はありませんが、ｗｏｒｄで作成しプリントアウトしたものよりも手書きの方が思いは伝わりやすいと感じています。デジタルネイティブ、動画ネイティブの子どもたちも、なぜか手書きを喜びます。

それも**教室で子どもたちの前で堂々と書くようにしています。コメントを書いている姿を見せることも「褒められている」という実感につながるからです。**

僕の体験上、男の子は「○○○に頑張っているあなたに先生は可能性を感じます」とひたむきな努力と未来への可能性を褒めると喜び、女の子は「○○ができるようになってスゴいね」といった変化に気づいてあげるとやる気につながることが多いです。

手間隙《ひま》がかかるようですが、これで子どもたちとの関係は良くなり、授業や学級運営はぐんとスムーズになるのです。

僕は毎日のように30人の子どもたちに褒めるコメントを手書きしています。保護者は子どもが3人いたとしても1日5分で終わるはず。スマホをいじっている時間を削ったら、その時間が捻出できないワケがありません。お子さんを手書きコメントで褒める時間を作ってみましょう。長い目で見ると子育てもラクになるはずです。

「集中力」も「やる気」も最初からは存在しない

これまで何度か「集中力」「やる気」という言葉を使ってきました。けれど実は、どちらも最初から人間に備わっている力ではありません。

「よし、集中しよう」「やる気を出そう」と思ったら、スイッチが入ったロボットのように集中できたり、やる気がみなぎるほど、僕たち人間は単純でも器用でもありません。**集中力ややる気を入れる魔法のスイッチなんてものは、残念ながらどこにもないのです。**

では、集中力とは、どうしたら生まれるのでしょうか？ それは、何かをしている過程で自然発生的に生まれてくるものです。

はじめは面倒だなと思っていても、皿洗いをしたり、大量の野菜をひたすら千切りにしたりしている間に没頭していた、という経験はありませんか？ これは完全に集中してのめり込んだ状態であり、心理学の用語で「フロー」と呼ばれています。トップアスリートほど「フロー」に入るのが上手。それもカラダを動かしながらスイッチが徐々に入り、大事なところでトップギアにシフトするというイメージです。

ですから、子どもが宿題を前にしてダラダラしていても「集中しなさい！」と有無を言わさず怒るのは効果的ではありません。**課題に取り組むうちに次第に集中していくものだから**です。

脳科学的には、脳はもともと集中を続けるように作られていないそうです。野生の環境では、何か1つのことに長時間没頭していると、天敵に隙を突かれて襲われるリスクがあるからです。それを無視して集中し続けると、脳の特定の部位に疲れが溜《た》まり、脳疲労につながる恐れがあります。それを防ぐのが「飽きた」という感情。子どもが飽きてきたら、別の課題に取り組ませる工夫が求められます。

集中力と同じように、やる気ももともと備わっていません。何かをやりつつ、むくむくと湧き上がる類いのものです。**やる気を前提にスタートするのは間違いなのですから、「やる気を出して頑張りなさい」という声かけは不適切です。**

「やる気がないからできない」とか「やる気が出てきたら頑張る」と子どもが言ったら、小学校低学年までは隣に座って一緒に勉強をスタートしてあげましょう。しばらくするとウォーミングアップを終えた子どもの目に闘志が宿り、やる気が高まり、さらに続けているうちに「フロー」の状態に入ります。

小学校高学年になって、ある程度自分でタイムマネジメントができるようになったら、時刻で区切ってあげましょう。「ご飯を食べ終わって7時になったらスタートしようね」といった約束を交わすのです。

その際大事なのは、終わりは「○時までね」といった時間ではなく、「○ページね」などと量で区切ること。**スタートは時間、フィニッシュは量です。**

「8時までやろうね」と時間で区切ると、とりあえずその時刻まで机に向かっていればいいと受け身になり、中身を伴わない密度の薄い勉強にシフトする恐れがあります。

量で区切ると、ダラダラしたらそれだけ長く時間がかかるだけ。早く終えるほど自由に使える自分の時間が増えますから、積極的に取り組み、勉強の密度が高まります。それが学力の向上に結びつくのです。

勉強で大事なのは、どれだけ時間をかけたかではなく、どのくらいの密度の濃さで行ったのか。第3章で、英語の習得には4000時間が必要だと言いましたが、ただテキストを開いて英語の勉強をするフリをしているだけでは、1万時間かけても英語は身につきません。中身を伴った濃密な4000時間であってこそ身につくのです。

ゲーム自体は悪くありません。チェックすべきは姿勢

「うちの子どもはゲームばかりして全然勉強しないんです。先生からも叱ってやってください」

そう嘆く保護者もいらっしゃいます。

ゲームばかりして他の勉強をまるでしないのは確かに問題です。かといって、ゲームは絶対禁止とは、必ずしも決めつけられません。昭和的な価値観だと、「ゲーム＝遊び」「ゲーム＝勉強の妨げ」となってしまいますが、ＩＣＴの時代ではその古い価値観を捨てる必要があるでしょう。

日本のゲーム産業の市場規模は1兆７０００億円、世界では15兆円を超えています。多くの先端的な企業が投資を続けており、２０２1年には世界での市場規模は20兆円を超えるという予測もあります。スマホや携帯ゲーム機などのオンラインプラットフォーム向けのマーケットが好調なので、ＡＩ時代になってもゲーム産業が急に衰退してなくなることは考えられないでしょう。

将来子どもが優秀なゲームクリエイターになったら、世界中どこでも活躍できるようになります。プレーヤーとして大成したら、eスポーツ（エレクトロニック・スポーツ）に出場して人気者になることだってあります。eスポーツとは、ゲームを介して対戦する競技の総称。2017年には、国際オリンピック委員会（IOC）が「eスポーツをスポーツとして認める」と宣言。19年のアジア大会ではデモンストレーション競技となり、2024年のパリオリンピックでは正式種目となるかどうかが目下協議されています。eスポーツのプロには年棒27億円を稼ぎ出すビッグプレーヤーもいます。

ただし、どんなゲームでもいいわけではありません。単なる暇つぶしのために作られたゲームではなく、子どもたちの思考が動くゲームを選んであげてください。僕が授業に使っている『マインクラフト』はその1つです。

単なる暇つぶしのためのゲームに子どもが夢中だとしたら、それよりも面白いコンテンツを提供できない教師側、保護者側にも責任があります。**ゲームをやめさせるという発想ではなく、親子での料理やコミュニケーション、書店や図書館の探訪、美術館や博物館巡りのように、子どもがゲームよりも面白いと思える行動や体験をさせてみてください。**

ゲームで心配なのは、姿勢と視力への悪影響です。

背すじを伸ばした正しい姿勢でゲームをする子どもはまずいません。ゲームをしている時間＝猫背で腰が曲がり、だらっとした悪い姿勢ですごす時間です。

成長期の子どもでは、悪い姿勢が骨格に悪影響を与える心配があります。

姿勢と学力には関係があり、正しい姿勢の子どもの方が学力も高いという研究もあります。ゲームで悪い姿勢が身についたら、学力も低下する恐れがあるのです。江戸時代の寺子屋で正座して学んでいたのは、案外正しかったのかもしれません。

ゲームを長時間続けることによる眼精疲労や視力の低下も懸念されます。

平成30年度の文部科学省『学校保健統計調査』によると、裸眼視力1・0未満の子どもの割合は幼稚園で26・68％、小学校で34・10％、中学校で56・04％、高校で67・23％に達しています。小学校と高校は過去最高です。諸説ありますが、視力低下の一因にスマホやゲームの普及が関わっていることも考えられます。

ゲーム中は子どもの姿勢に注目して、できるだけ正しい姿勢で行うように注意してあげてください。正しい姿勢でも2時間も3時間も続けるのはNG。1回45分で区切って、目を休ませながら行う習慣をつけさせましょう。**時間を区切り、それを守らせると、ゲームを介してタイムマネジメント能力や自己統制能力の向上にもつながります。**

未来に対する質問が子どもを変える

どんな子どもだって本音では、勉強を頑張りたいし、テストでいい点が取りたいし、親には褒められたいと思っています。成長したくないと思っている子どもなんていないのです。

ですから、どうか子どもの表面的な態度や発言に惑わされないでください。

「テスト、どうだった?」と尋ねた際、「別に。どうせ頑張ってもいい点、取れないし」とそっけない答えが返ってきたとします。この「別に」は逆に点数が気になり、何とかしたいと思っている心理の裏腹で出た言葉かもしれません。

ここで、子どもに期待する保護者は「何がダメだったと思うの?」と過去を振り返って反省させる問いかけをしがちです。でも、過去は変えられません。

ではどうしたらいいかというと、**過去ではなく未来に対する問いかけに切り替えるのです**。未来ならいくらでも変えられるからです。「次のテストに向けて、どんな勉強をしようと思っているの？」と聞いてください。

成長したいと思っている子どもは「ゲームの時間を減らして1日2時間は勉強する」「通学の行き帰りで英単語を覚える」「放課後、その日の授業でわからなかったところを先生に確認する」といった行動目標を答えてくれるでしょう。

そうしたら、「じゃあ、そのうちどれならできそうなの？」と声をかけて、1つだけ子どもに選んでもらいましょう。

ここで「何を頑張るの？　それだけ？　他には？　〇〇ちゃんはもっとやっているよ」と畳み掛けるのはNG。まわりと比べられるのは嫌ですし、〝頑張る〟のハードルが高すぎます。決めたことが1つでも実行できたら、それで十分です。

みなさん自分のお子さんには、自己肯定感の高い人間に育ってほしいと思っているはず。それなのに〝頑張る〟のハードルを上げると、子どもはしんどくなるだけ。自己肯定感は絶対評価ではなく相対評価です。ハードルを下げると上がり、ハードルを上げると下がります。子どもを変えたいなら大人が変わり、「頑張る」のハードルを下げましょう。

子どもが選んだ行動目標は保護者がノートに記録してあげてください。証拠に残すという意味ではなく、親子の約束を守ってもらうためです。
「この間のテストの後、通学の行き帰りで英単語を覚えると約束したのを覚えている？その約束は守れた？」と聞いてみましょう。常識やルールを持ち出すのではなく、お父さんやお母さんと交わした約束を守ろうという声かけの方が子どもの心は動かされやすいのです。

子どもに将来の夢を聞いてはいけない

この時代でも、「将来は何になりたいの？」というのは、学校でも家庭でも、子どもに投げかけられる定番の質問です。ただし、今はもう単純に夢を語れる時代ではありません。

〝What do you want to be in the future?（将来何になりたいですか？）〟と英語で子どもたちに尋ねるといろいろな答えが返ってきます。

〝I want to be a pilot.（僕はパイロットになりたい）〟
〝I want to be an English teacher.（僕は英語教師になりたい）〟
けれどこの先、パイロットや英語教師といった職業がなくなることは、十分考えられます。飛行機が完全に自動運転化されたらパイロットは不要になりますし、ＡＩと連携したアプリが進化したら英語教師の需要は大幅にダウンするかもしれません。

変化が目まぐるしく、夢が夢で終わってしまうことがある時代だからこそ、僕らは夢を語るステージをもう一段階上げなくてはなりません。

僕は子どもたちに〝What do you want to be in the future?〟と聞いたら、必ずその理由を答えてもらいます。職業は夢の通過点であるという発想を、子どもたちに持ってほしいのです。

子どもが〝I want to be a pilot, because I like airplanes very much.（僕はパイロットになりたい。なぜなら飛行機がとても好きだからです）〟と答えたとします。ならば、パイロットという職業がなくなっても、飛行機を整備したり、新しい飛行機を設計・開発したりする職業に就くという新たな夢が生まれてきます。

職業と将来の夢に関して保護者によく聞く質問があります。それは、「あなたの子どもがユーチューバーになりたいと言い出したら、どうしますか?」というものです。

ソニー生命が2019年に公表した調査では、全国の男子中学生100人が挙げた将来なりたい職業ランキング1位はユーチューバーなどの動画投稿者、2位はプロeスポーツプレーヤーでした。

ユーチューバーはちゃんとした仕事ではない、というのは大人の古い常識で、子どもにとってはサッカー選手と同じように憧れの存在です。

とはいえ、自分の子どもが実際にユーチューバーになりたいと言い出したら、どうやって止めるかを必死に考える人が圧倒的に多いのではないでしょうか。

もしもお子さんがユーチューバーになりたい、と言い出したら、ユーチューバーを頭ごなしに否定するのではなく、ぜひその理由を尋ねてください。〝I want to be a YouTuber. Because I want to make people smile.(僕はユーチューバーになりたい。なぜなら人を笑顔にしたいからです)〟という答えが返ってきたら、「ユーチューバー以外にも、人を笑顔にできる仕事はあるよね」と話しましょう。

ユーチューバーという仕事は競争が激しく、浮き沈みもあります。確かに今は大人気ですが、その人気が未来永劫《えいごう》続くとは限りません。何かの理由で子どもがユーチューバーになれないとわかった瞬間、深い挫折感を味わいます。

けれど、**職業ベースではなく、なぜそれをやりたいかがベースなら挫折はありえません**。人を笑顔にしたいなら、ユーチューバーを諦めても、できる仕事は他にたくさんあります。お笑い芸人はもちろん、患者を救って笑顔にする医師や看護師、美味《おい》しいものを作ってお客さんを笑顔にするシェフやパティシエだって人を笑顔にする仕事。やりたいことがベースになり選択肢が増えれば、自分に合う職業も見つけやすくなるはずなのです。

大人の習い事で「ビリの体験」をしてみてください

ある調査によると、日本は習い事をしている子どもの割合は世界トップレベル。反面、習い事をしている大人の割合は世界最下位レベルだそうです。

子どもに習い事をさせているのに保護者はしていないとすると、自分がしていない、できないことを子どもに押し付けているように僕には思えます。

「子どもが英語を真面目に勉強しないいんです」と心配する保護者に、僕は「だったら、お父さん、お母さんが英語を勉強したらいいじゃないですか」とアドバイスします。

「英語を話せるようになりたかった」とか「バレエをやってみたかった」といった具合に、保護者にも子どもの頃にやりたかったチャレンジが、1つや2つはあるのではないでしょうか。そんな自らの夢を子どもに押し付ける前に、大人も習い事にチャレンジすればいいのです。

そこで、「もういい年だから」と年齢の壁を持ち出す保護者には、僕は「一体何歳になったら習い事は諦めなくてはならないのですか?」と尋ねます。19歳まではチャレンジ可能だったのに、20歳の誕生日を迎えた瞬間から習い事適齢期をきっかり卒業するというおかしな話はありません。習い事を始めるのに年齢の壁などないのです。いくつになっても遅すぎることはありません。

なぜ僕が大人に習い事をおすすめするかというと、保護者にぜひ「ビリの体験」をしていただきたいからです。

僕自身、バスケットボールの社会人チームに入っています。バスケは学生時代にやっていたので経験者ですが、そのチームは大学を卒業したばかりでバリバリの準現役世代の若い選手を中心に結成されたチーム。30歳を超えて体力も技術も衰えた僕はレギュラーにはなれませんし、たとえ試合に出てもきっと足を引っ張るだけ。メンバーには親切にしてもらっていますが、ひょっとしたら足手まといと思われているかもしれません。

バスケの社会人チームは他にもあり、30歳を超えたオッサンの僕にも身の丈に合ったところは見つけられます。しかし、僕はあえて自分がビリになるようなレベルの高いチームに入る選択をしました。当然、僕はチームでいちばん下手くそです。つまり「ビリ」です。

英語ならできる方ですし、子どもたちも「先生、スゴい」と尊敬してくれます。ところがバスケというまったく違ったフィールドでビリになる体験をすると、それまで見えなかった景色が見えるようになります。英語の授業が終わった教室の片隅で「どうせ僕は、できないんだ」と寂しげにつぶやいていた子どもは、きっとこんな辛《つら》い気持ちになっていたんだろうなぁ。そう思えるようになるのです。

そんな凹《へこ》んだ子どもの心に寄り添わないで、「頑張ったらできる！」と無責任な声をかけたとしても、子どもは「それはできる人のセリフだよ」「頼むから放っておいてくれ！」と心を閉ざしてしまっても無理はありません。

けれど、その子に僕がバスケでビリになっても、レギュラーを目指して諦めずに練習する姿を見せられたら、その子に何か変化が起こるかもしれません。「先生はね、昨日バスケで全然ダメだった。だからもっと練習しようと思ったよ」と声をかけたら、「僕ももう少しやってみようかな」と思ってくれるかもしれません。

「子どもが勉強しないんです」と嘆く前に、保護者が何か新しいチャレンジを始めてください。それは苦手なものほどいいと、僕は思います。

いちばん簡単なのはランニング。京都では、毎年2月に京都マラソンが開催されます。走るのが苦手そうな保護者に僕は、「京都マラソンに出てみませんか？」と声をかけます。普段運動していなさそうな方に「42・195キロ走りませんか？」と誘うわけですから、当然のように「僕は走るのは大の苦手なんです。マラソンなんてとてもじゃないけれど無理です。出ても走り切れません」と拒絶反応を起こされます。そこで「勉強が苦手なお子さんが『勉強したくない』と言っているのに、頭ごなしに『やりなさい。みんなやっているんだから！』と叱っていませんか？」と聞いてみると、ハッとした表情をされます。子どもの気持ちに寄り添っていなかったと気づくのです。

ビリになる習い事をしませんか。保護者にそう水を向けても、実際に始める人はほとんどいません。忙しい大人には時間的な制約がありますから、なかなか踏み出せないという事情もわかります。

でも僕は、ビリになる体験が大切だと気づくだけでも、十分だと思っています。ビリの気持ちになってあげようと思うだけで、子どもへの声かけも変わり、親子関係にもポジティブな影響が出てくると信じています。

「大人が言いたいこと」ではなく「子どもが聞きたい言葉」を

僕の大好きな作家である喜多川泰さんに教えてもらった言葉を紹介します。ちょっと耳の痛い文章かもしれません。


あなたの家事のやり方ではダメだ。

今のままではダメなのは自分でもわかっているでしょ。

隣の奥さんを見てよ。仕事もあなた以上にやっているし、すべてにおいてしっかりしているでしょ。

彼女にできるということは、あなたにもできるということ。

これからは変わってくれることを期待しているからね。


これを言われたら奥さんはきっとブチ切れ。「うるさい！」と思ってしまいますよね。それでは家事→勉強、奥さん→友達、仕事→勉強に置き換えてみると、どうなるでしょうか。

あなたの勉強のやり方ではダメだ。
今のままではダメなのは自分でもわかっているでしょ。
隣の友達を見てよ。勉強もあなた以上にやっているし、
すべてにおいてしっかりしているでしょ。
彼女にできるということは、あなたにもできるということ。
これからは変わってくれることを期待しているからね。

胸に手を当てて正直に振り返ってください。こういう言い方を、お子さんに向かってしていませんか。もしそうなら、子どもが「うるさい！」と、大人の話を聞かなくなっても仕方ありません。

「大人が言いたいこと」を一方的に語るのではなく、「子どもが聞きたい言葉」を考えて語りましょう。**子どもが何に悩んでいるのか。どういう不安を抱えているのか。それを聞き出し、一緒に考えて悩んであげるのが、いちばん近くにいる大人の役目です。**

「それが難しいんです」という人でも、今すぐ始められることがあります。それは、**子どものそばにいる大人が、いつもニコニコ笑顔でいること**。

エビデンスがあるわけではありませんが、この十数年の教師生活から「大人が笑っている以上の教育はない」と断言できます。僕が真顔で教室に入ったら、子どもは誰一人寄ってきてくれません。でも、ニコニコと笑いながら教室に足を踏み入れたら、一斉に駆け寄ってきて「先生、あのね～」と話をしたがります。**笑顔と一緒でなければ、伝えたいことも伝わらないのです**。

「うちの子はゲームばっかりやってて、親が笑っていようがいまいが、そんなことは全然見てません」っていうお子さんでも、絶対に親のことは見ています。試しに2～3日同じ服を着続けてみてください。「なんで同じ服着てるの？」と聞いてくるはずです。お子さんはいつだってお父さん、お母さんのことをよく見ていて、機嫌よくいてほしいと思っているはずです。

家庭では、お父さんもお母さんも笑顔を絶やさないでください。「あなたのためにこんなに頑張っているのに」というイライラの押し付けは、まったく有効ではありません。ＩＣＴや英語教育の環境を整える前に、大人も子どもも、自然に笑いあっているような環境を作る方がずっと大切なのです。

EPILOGUE

AI時代、子育てにいちばん大切なこと

僕はこの本を読者のみなさんに、「2回読んでほしい」と思っています。1回ではわかった気になってしまうからです。1周目の人はこの続きを読まず、ぜひ冒頭からもう一度お読みください。2周目の人は、答え合わせのつもりでこの続きをお読みください。

この本で僕が最も強調したかったことがあります。それは実は、「AI時代の子育て」や「これからの英語教育の行方」ではありません。それらは切り口でしかありません。

僕がいちばん伝えたかったのは「**大人が変われば、子どもは変わる**」という事実です。

この本を通して一貫して言い続けたテーマに「ハードルを下げよう」というものがあります。これは「英語ができる」というハードルだけでなく、「挑戦」というもの自体

のハードルを下げよう、というメッセージでもあります。つまり、「変わること」のハードルを下げてほしいのです。

子どもを強引に変えようとしても、なかなかうまくいきません。それよりも、大人である僕たちが「今」を楽しむことができるか。笑顔で過ごすことができるか。幸せとは何かを語ることができるか。そんなことの方が大切だと僕は思っています。

多くの大人はこれらのことがうまくできていないような気がします。だから、「変わること」が必要なのです。少しの勇気と少しの挑戦で、人は変わることができます。そしてその姿を見て、子どもは変わり始めるのだと僕は信じています。

大人が作る「空気」が、子どもが育つ「環境」になります。

ぜひ、いい空気を作って、子どもに最高の環境を用意してあげましょう。誰にでもできる努力ですが、多くの人がやっていない努力です。一緒に頑張りましょう。小さな1歩から頑張りましょう。僕も頑張ります。最後までお読みいただきまして、ありがとうございました。

あ、最後に一言。「子育てのハードル」も下げませんか？

正頭 英和 Hidekazu Shoto

立命館小学校 英語科教諭／ICT教育部長。
1983年大阪府生まれ。関西外国語大学外国語学部卒業。関西大学大学院修了（外国語教育学修士）。京都市公立中学校、立命館中学校・高等学校を経て現職。「英語」の授業に加えて「ICT科」の授業も指導する。2019年、「教育界のノーベル賞」と呼ばれる「Global Teacher Prize（グローバル・ティーチャー賞）」トップ10に、世界約150ヵ国・約3万人のなかから、日本人小学校教員初で選出される。AI時代・グローバル時代の教育をテーマにした講演も多数。

装　丁　渡邊民人（TYPEFACE）
本文デザイン　吉名　昌（はんぺんデザイン）
構　成　井上健二

世界《せかい》トップティーチャーが教《おし》える
子《こ》どもの未来《みらい》が変《か》わる英語《えいご》の教科書《きょうかしょ》

2020年3月10日　第1刷発行

著　者　正頭英和《しょうとうひでかず》
発行者　渡瀬昌彦
発行所　株式会社講談社
〒112-8001 東京都文京区音羽2-12-21
電話 03-5395-3606（販売） 03-5395-3615（業務）
編　集　株式会社講談社エディトリアル
代表　堺　公江
〒112-0013 東京都文京区音羽1-17-18 護国寺SIAビル6F
電話 03-5319-2171
印刷所　株式会社新藤慶昌堂
製本所　株式会社国宝社

N.D.C.379.9　199p　19cm
ISBN978-4-06-519010-4